hänssler

Barbara Jakob

Mehr als nur ein Frühstück

Von Frauen für Frauen

hänssler

Neuhausen-Stuttgart

Mehr als nur ein Frühstück: von Frauen für Frauen/Barbara Jakob. –
Neuhausen-Stuttgart: Hänssler, 1987.
ISBN 3-7751-1153-0
NE: Jakob, Barbara [Hrsg.]

Bestell-Nr. 100 151

Umschlaggestaltung und Layout: Wolfram Heidenreich
Umschlagfoto: Ursula Markus
Logo ©: Gilles Ettlin
Gesamtherstellung: Ebner Ulm

Bildnachweis:
Margit Baumann: S. 33, 43
Wolfram Heidenreich: S. 83, 85, 97, 123, 157, 160, U 4
Rebekka Jakob: S. 104
Ursula Markus: S. 53
Philipp Nanz: S. 22
Hansueli Trachsel: S. 28, 29, 131
Hans-Günter Ulmer: S. 169

Dieses Buch möchte ich all jenen Frauen widmen, die durch ihren uneigennützigen, unentgeltlichen Einsatz in über 40 großen und kleinen Städten, in acht Ländern Europas die Frühstücks-Treffen für andere Frauen gestalten. Ohne sie würde es dieses Buch nicht geben! Herzlichen Dank für die großartige Arbeit!

Dieses Buch ist nur deshalb geschrieben worden,

– weil Männer und Frauen (vor allem Frauen) mich dazu ermutigt haben
– weil viele Frauen sich bereit erklärt haben, offen aus ihrem Leben zu erzählen und Berichte für das Buch zu schreiben
– weil meine liebe Mutter eine Woche lang für unsere 5köpfige Familie den Haushalt führte (und mein Vater großzügig auf seine Frau verzichtete), damit ich ungestört am Manuskript arbeiten konnte
– weil der lebendige Gott selbst mir immer wieder die nötige Kraft, Inspiration und den Mut dazu schenkte
– weil mein lieber, geduldiger Mann mir seine volle Unterstützung für das Projekt zusagte, mir mit unzähligen kreativen Ideen und Verbesserungsvorschlägen zur Seite stand und sich auch manchmal als Hausmann betätigte
– weil unsere Kinder mit viel Geduld ihre oft gestreßte, an der Schreibmaschine sitzende Mutter ertragen und echtes Interesse an dem Buch gezeigt haben (vom Seitenzählen, Fotokopieren bis hin zu Manuskript-Korrekturen »Nein, Mami, also das kannst du nicht so schreiben ...«)

Herzlichen Dank an Walter, Charlotte und Monika für das Durchlesen des Manuskriptes und für alle Anregungen!

Einen besonderen Dank unserem Freund Wolfram Heidenreich für sein persönliches Engagement bei der graphischen Gestaltung!

Inhalt

Ein sprachloser Bankett-Manager

17. September 1983 »Wir haben erst 90 Anmeldungen.« Miadette (wir nennen sie nur »Miedi«) Hubers Stimme klingt enttäuscht. »Ach, weißt du, die meisten Anmeldungen werden bestimmt nächste Woche kurz vor Anmeldeschluß oder nachher noch kommen«, versuche ich zu trösten. – Es ist Samstag, eine Woche vor unserem ersten »Frühstücks-Treffen von Frauen für Frauen«. Apropos trösten – wenn ich ehrlich bin, beruhigt es mich zu wissen, daß wenigstens 90 Frauen kommen wollen. In den vergangenen Tagen habe ich oft ganz kritisch das Unterhaltungsangebot unserer Zürcher Tageszeitung durchgesehen, mit wachsendem Zweifel im Herzen, ob wir denn unser »erbetetes« Ziel von 250 Frauen erreichen würden.

Dienstag, 20. September

Heute ist Anmeldeschluß. Miedi hat ganz glücklich angerufen: »Barbara, stell dir vor, wir haben unsere 250 Frauen!« Und die wollen alle zusammen frühstücken! Schnell rufe ich Erna, Steffy und Ruth an, um ihnen die frohe Nachricht weiterzusagen, und bald wissen es alle: Unser Saal wird tatsächlich voll!

Mittwoch, 21. September

Ein turbulenter Tag heute! Die Spannung wächst – meine Anspannung auch! Wohl schon zum fünften Mal überarbeite ich meine Einführung für Samstag, lese sie immer wieder durch. Die Kinder spüren, daß etwas in der Luft liegt, aber wie sollen sie meine steigende Nervosität begreifen? Das Telefon klingelt oft, es ist ja noch einiges zu besprechen...

»Hast du einen Stuhl, um dich zu setzen?« – Was ist denn jetzt los? Nach Miedis Stimme zu urteilen, muß etwas Dramatisches geschehen sein. Nein, bitte nicht – wir hatten doch schon genug Schwierigkeiten... »Barbara, heute sind noch 150 Anmeldungen dazugekommen – kannst du dir das vorstellen?! – 400 Frauen – und es werden bestimmt noch mehr! Willst du mit dem Hotel-Manager reden?«

Weiche Knie! Wie oft ich schon von weichen Knien gelesen habe – jetzt wäre ich wirklich froh über einen Stuhl. Normalerweise lasse ich mich nicht so schnell einschüchtern, aber in diesem Augenblick würde ich doch lieber meinen Mann am Samstag zu dem Treffen schicken, und ich könnte – wie sonst auch – bei den Kindern bleiben. Aber es ist zu spät, um auszusteigen...

DONNERSTAG, 22. SEPTEMBER

»Barbara, bei so vielen Frauen muß unbedingt die Presse informiert werden. Ruf doch mal bei der NZZ (Neuen Zürcher Zeitung) und dem Tages-Anzeiger an!« Mit diesen Worten hat sich Ben heute morgen verabschiedet. Mit der Presse hatte ich noch nie etwas zu tun, aber vielleicht lohnt sich ein Versuch? – »400 Frauen frühstükken im Hotel, sagen Sie? Nun, da sind wir schon interessiert«, meint der Redakteur, »aber leider ist das für uns zu kurzfristig. Informieren Sie uns doch das nächste Mal bitte früher, wir schicken gerne jemanden vorbei.« Keine schlechte Auskunft fürs erste Mal!

Am Abend ruft Mirjam noch an: Kinderhütedienst in Not! Über 30 Kinder sind angemeldet, aber wir haben viel zu wenig Betreuerinnen. Schnell hänge ich mich an den Draht – Ben reklamiert langsam schon wegen der Telefonrechnung – und versuche, einige Helfer zu finden. Zum Glück sind einige Väter bereit, einzuspringen. Was die Männer nicht alles für ihre Frauen machen müssen...

Freitag, 23. September
»Herr Krummenacher, ich möchte Ihnen die Personenanzahl fürs Frühstück durchgeben. Es sind 480 Frauen angemeldet, aber vielleicht stellen Sie 500 Plätze bereit.« Ich höre ihn schlucken. – Pause –. »Sind Sie noch dran?« – »Hm, ja, sagen Sie mal – wo kommen nur alle diese Frauen her?« – »Nun, wir haben zwar unser möglichstes getan, aber wir sind selbst völlig überrascht«, gebe ich ehrlich zu.

Schmunzelnd denke ich an die erste Begegnung mit Herrn Krummenacher zurück. Er hatte uns zwei Frauen freundlich empfangen und sogar auf einen Drink an die Bar eingeladen. »Wieviel Frauen erwarten Sie denn?« Nun, das war gerade unsere Schwierigkeit! Wir wußten es selber nicht. »Oh, hm, wir rechnen mit so mindestens 90 bis vielleicht 250.« – »Da ist es ja gut, daß man den Saal größer oder kleiner machen kann.« – »Wir hätten auch noch eine Frage: Könnten Sie uns nicht die Garderobengebühr erlassen? Die Frauen können doch ihre Mäntel und Jacken selber aufhängen, und Sie benötigen dann kein Personal dafür.« – »Ich denke, das geht. Ist für mich ja auch besser, wenn ich niemanden hinstellen muß, wenn dann nur 10 Frauen kommen!«

Samstag, 24. September – **Tag des ersten Treffens**
Ich habe unruhig geschlafen, wahrscheinlich höchstens vier Stunden. Die übrige Zeit habe ich mich hin und her gewälzt und darüber nachgedacht, ob wohl alles klappen wird – mit dem Kinderhütedienst, dem Büchertisch, den Coupons, der Bedienung... Meine Einleitung dreht sich langsam im Kopf! Und ich bin froh, als ich endlich aufstehen kann. Mein Frühstück fällt spartanisch aus: Eine Tasse heiße Ovomaltine (zur Stärkung), ein kleines Stück Brot. Später werde ich sowieso keinen Bissen mehr hinunterbringen! Mit einem liebevollen Zuspruch meines Ehemannes mache ich mich auf den Weg, hole Erna ab, und unterwegs steigt Annelies zu. Ihre vielen Büchertisch-Schachteln, Kassen und alles Drum und Dran verfrachten wir im Kofferraum, und bald fahren wir mit einem kribbelnden Gefühl der Erwartung in die Tiefgarage des

Hotels International ein. Emsige Geschäftigkeit herrscht im Foyer, das Personal harrt gespannt der Dinge, die da kommen sollen.

»Ich hab's gehört – ist das nicht super? 250 Frauen!« Vreni und Dominique freuen sich riesig. – »Nein, stellt euch vor – es sind 500!« sage ich. – »Das ist doch nicht möglich!« – Aber wir haben keine Zeit für lange Gespräche, denn schon kommen die ersten Frauen und wollen ihre Coupons.

Mein Flattern in der Magengegend hält sich zum Glück in Grenzen, aber ich muß noch schnell ein gewisses Örtchen aufsuchen, bevor ich um 9.00 Uhr die Gäste begrüße.

»Guete Morge mitenand. – Ich werde jetzt gleich auf Hochdeutsch umschalten, damit auch die Gäste etwas verstehen, die mit dem Schweizerdeutsch ihre liebe Mühe haben.

Im Namen des Vorbereitungs-Teams heiße ich Sie zu unserem ersten Frühstücks-Treffen von Frauen für Frauen ganz herzlich willkommen. Ich heiße Barbara Jakob, bin Hausfrau und Mutter von drei Kindern. Als Frauen des Vorbereitungsteams sind wir ganz überwältigt von dem großen Echo auf unsere Einladung zu diesem ersten Frühstück – und es scheint für andere ein ebenso großes Bedürfnis zu sein wie für uns, zusammenzukommen, unter uns zu sein!

Ich hoffe, daß Sie die Arbeit, die Kinder, den Alltag ein wenig vergessen und den Morgen so richtig genießen können! Ich will Sie ganz kurz mit dem Programm vertraut machen: Bis ca. 9.30 Uhr wird Frühstück serviert, anschließend hören wir etwas mehr über die Zielsetzung dieser Treffen. Frau Eveline Schori aus Bern wird uns dann in einem Erlebnisbericht einen kurzen Einblick in ihr Leben erlauben und dann hören wir das Referat zum Thema: »Psychologie oder Glaube?« Zwischendurch wird uns Karen Lafferty mit ihren Liedern den Morgen verschönern.

Lassen Sie uns jetzt aber Gott unsere Dankbarkeit

zeigen, ich werde als Gebet zwei Strophen eines Liedes lesen:

Danke, für diesen guten Morgen, danke für jeden neuen Tag.

Danke, daß ich all meine Sorgen, auf dich werfen mag.

Danke, für meine Arbeitsstelle, danke, für jedes kleine Glück. Danke, für alles Frohe, Helle und für die Musik.«

So, Teil eins wäre für mich geschafft! Eine warme, herzliche Atmosphäre prägt den Raum. Und ich kann wirklich nur staunen! So viele, gerade auch junge Frauen sind unserer Einladung gefolgt. Es ist offensichtlich, daß sie sich wohlfühlen, das Frühstück genießen, angeregt miteinander reden – und einfach einmal Zeit für sich selbst haben! Fast zu schnell vergeht die halbe Stunde gemeinsamer Mahlzeit. Wieder bin ich dran:

»Darf ich um Ihre Aufmerksamkeit bitten? Ich möchte Ihnen gerne etwas zur Zielsetzung unserer Treffen sagen:

Wissen Sie, wieviel Frauen es in der Schweiz gibt, die über 20 Jahre alt sind? Es sind über 2 Millionen. Einige dieser Frauen im Raum Zürich haben eine Einladung zu unserem ersten Frühstücks-Treffen erhalten, und die Reaktionen waren in überwältigendem Maße positiv. Einige jedoch waren skeptisch: Ist dieses Treffen politisch gefärbt? Geht es in Richtung Frauenbewegung? Ist es mehr psychologisch oder religiös?

Keine Angst, weder das eine noch das andere ist der Fall. In diesem Frühjahr haben sich ungefähr 30 Frauen aus Zürich und Umgebung zum ersten Mal getroffen, um über die Möglichkeit eines regelmäßigen Frühstücks-Treffens zu beraten.

Wir waren uns alle einig: Wir dürfen als Frauen ruhig etwas Neues wagen in einer Zeit, in der das Negative an der Tagesordnung ist, und versuchen, einen positiven Akzent zu setzen.

Eine Warnung sei hier aber angebracht: Wir sind keine Superfrauen und weit davon entfernt, perfekt zu sein! Wir sind Menschen mit Fehlern, Fragen, Schwierigkeiten und Problemen und sind dankbar, daß wir aus Gottes Vergebung leben dürfen. Dies wird mir als Mutter z. B. immer dann bewußt, wenn die Tochter ruhig meint: »Mami, wieso bisch hüt so häßig – i ha doch nüt Dumms gmacht?« oder wenn mir morgens um 8 Uhr bereits die Geduld reißt und ich in vehementer Lautstärke meine Befehle an die Kinder erteile …

Wir haben als Frauen viele Gemeinsamkeiten, und es wird Zeit, daß wir beginnen, einander Mut zu machen für unsere Aufgaben, in denen wir stehen und uns nicht gegenseitig zu kritisieren und miteinander zu konkurrieren. Wir dürfen uns im Gegenteil freuen, daß wir *Frauen* und damit ganz besondere Wesen sind, wie der Dichter Jakob Lorenz sagte: ›Wenn du wissen willst, wie die Männer sind, mußt du eine Frau sein, willst du wissen, wie die Frauen sind, so frage den lieben Gott.‹ (Das kann natürlich nur ein Mann gesagt haben!)

Alle Frauen in unserem Team haben persönlich erfahren, daß ein gelebter Glaube an Christus uns im Beruf oder in der Familie, wo immer wir unsere Aufgaben haben, entscheidende Impulse und Hilfen zur Alltagsbewältigung gibt. Und aus dem Bewußtsein, daß wir Frauen in der Gesellschaft eine wichtige Stellung einnehmen, ist unser Wunsch gewachsen, andere Frauen auf die Auswirkungen dieses Glaubens aufmerksam zu machen. Denn wir sind zutiefst überzeugt, daß sich unsere Gesellschaft nur in dem Maße verändern kann, wie der einzelne Mensch bereit ist, sich zu ändern.

Wir sind ein überkonfessionelles Team und wissen nicht einmal alle voneinander, zu welcher Kirche wir gehören. Es scheint uns wichtig, daß Jesus Christus unser Mittelpunkt ist – in diesem Sinne werben wir auch keine Mitglieder – und Sie gehen mit dem Besuch des Treffens keine Verpflichtung ein.

Genießen wir also heute unser Beisammensein, ermuntern wir uns gegenseitig, und tanken wir viel Freude bis zu unserem nächsten Treffen im November.

An unseren Treffen möchten wir nicht nur Fachreferate hören, sondern auch Frauen Gelegenheit geben, persönlich aus ihrem Leben zu berichten. Heute wird dies Eveline Schori tun. Frau Schori wohnt in Bollingen bei Bern und hat zwei Kinder.«

Nun ist Eveline an der Reihe! »Ich wurde nach dem Zweiten Weltkrieg in West-Berlin geboren. Die Ehe meiner Eltern glich dem Berlin der damaligen Nachkriegszeit: Trümmer und Scherben so weit das Auge reichte...«, beginnt sie ihren Bericht. Es ist ganz ruhig im Saal, gespannt hören die Frauen zu, wie Eveline von ihrem Umzug in die Schweiz berichtet, von den Schwierigkeiten mit ihrem ersten Kind, wie eine christliche Frauengesprächsgruppe die Wende brachte, so daß sie heute ihr Leben nach anderen Maßstäben ausrichtet als früher.

Anschließend hören wir dem Referenten zu, der zum Thema »Psychologie oder Glaube« spricht. Zum Schluß stellt er uns allen eine Frage, die wir an den Tischen diskutieren sollen. Es ist fast 11 Uhr, als ich die Gäste mit dem Hinweis auf die Kommentarkarten verabschiede. Viele Tische bleiben bis gegen halb 12 Uhr besetzt, anscheinend genießen die Frauen die Gespräche. Unsere Sachen haben wir schon zusammengeräumt, als die letzten Besucherinnen gehen. Viele freuen sich darauf, im November wiederzukommen.

»Frau Jakob, bitte suchen Sie sich für Ihr Treffen im November einen anderen Saal!« fleht Herr Krummenacher. »Wir nehmen Sie dann gerne wieder, wenn wir den ganzen Saal frei haben.« Diesen hatten wir natürlich schon für einige Treffen im voraus reserviert, aber wegen einer Ausstellung wären im November nur 250 Plätze frei gewesen. Und nun, nach der ersten Erfahrung mit uns, ist es dem Bankett-Manager angst und bange geworden..., und wir stehen da ohne Saal fürs nächste Frühstück.

Eine Idee wird geboren

»Wo kommen nur alle diese Frauen her?« Die Frage von Herrn Krummenacher läßt mich zurückdenken an die zaghaften Anfänge unserer christlichen Frauengesprächsgruppe.

Sommer 1978:

Erna und ich sitzen im Garten, beide ein Baby auf dem Schoß, sie ihren dritten Jungen, ich unsere zweite Tochter. Während unseres Gesprächs färbt sich Ernas Sommerrock plötzlich in ein verdächtiges Dunkelgelb... ihr Christian hat ihr ein Geschenk gemacht! So fühlen wir uns also, wie sich typische Mütter kleiner Kinder zu fühlen haben... wenig Zeit für sich selbst, gefordert und immer »auf Trab«!

Wir unterhalten uns über die Stillgruppe (wo Frauen über das Stillen der Kinder sprechen), die sich bei uns seit bald zwei Jahren einmal im Monat trifft. Und langsam haben wir das »Stillen« satt. »Könnten wir nicht die Stillgruppe etwas umfunktionieren? Es gäbe doch für Frauen sonst noch viel zu besprechen.« – »Genau, und wir könnten versuchen, von den Gesprächsthemen auf die Bibel zu sprechen zu kommen, damit die Frauen sehen, daß der christliche Glaube sehr praktisch und alltagsbezogen ist.« Gesagt, getan.

Was im Garten als eine Idee anfing, war später das Treffen einer Gruppe von ungefähr zehn Frauen. Wir sprachen über alle möglichen Themen, von Kindererziehung über Haushaltsmanagement bis hin zu unseren Temperamenten und Lebensprioritäten. Wir entwickelten Arbeitsblätter, damit wir einen »roten Faden« hatten und nicht immer vom Thema zu den Alltäglichkeiten abschweiften. Zwischendurch besprachen wir ein ganzes Buch mit dem Titel »Kinder sind wie ein Spiegel«. Dazu und zum Buch »Teenager brauchen mehr Liebe« entstanden Studienanleitungen.

Die Frauen kamen gerne in die Gruppe. Für viele wurde es *der* Anschlußpunkt, weil sie durch Kinder ihre Berufstätigkeit aufgegeben hatten und sich einen neuen Freundeskreis aufbauen mußten. Freundschaften entstanden auch zwischen ganzen Familien. Einmal im Jahr wurde eine Gartenparty veranstaltet, mit Spielen für Kinder und Erwachsene, Grillwürstchen und gemeinsamem Essen. Wir lernten miteinander, voneinander – und sogar die Männer wurden davon betroffen, wenn wir ihnen als »Aufgabe« Fragen aus der Gruppe mit nach Hause brachten.

Herbst 1982:

Der Nebel ist so dicht, daß ich ganz langsam fahren muß. Zudem ist es Nacht. Erna und Annelies sind mit dabei, was die Fahrt von Schaffhausen nach Zürich wesentlich erleichtert.

Nach der »Aktion Neues Leben« (ein missionarisches Projekt von Christen aus fast allen Kirchen, in Deutschland unter »Neu Anfangen« bekannt) haben sich vermehrt Frauen für das Material unserer Frauengesprächsgruppe interessiert. Deshalb sind wir spätabends unterwegs. Wir veranstalteten zusammen ein »Seminar für offene Frauengesprächsgruppen«. Annelies sorgte in ihrer treuen Art für den Büchertisch und alles weitere hinter den Kulissen. Ja, ohne sie könnten wir gar nicht unterwegs sein, denn nur dank ihrer Entlastung in vielen Kleinarbeiten wird es mir möglich, ab und zu außer Haus tätig zu sein! Erna erzählte in ihrem Erlebnisbericht, warum Frauengesprächsgruppen wichtig sind, was ihr die Gespräche bedeuten.

Jetzt aber sind wir engagiert im Gespräch: »Was haltet

ihr von der Idee eines Frauentages? An einem ganz neutralen Ort?« Schon sind wir mitten in der Diskussion. – »Genau, so etwas müßte man mal versuchen – ich bin sicher, das würde auf gutes Echo stoßen – aber muß es denn ein ganzer Tag sein?« Erna äußert Bedenken wegen der Mütter, die ihre Kinder unterbringen müßten. – »Wichtig ist, daß es an einem Samstag wäre, damit auch Berufstätige teilnehmen können und es nicht nur auf Hausfrauen fixiert ist«, wirft Annelies ein.

»Das sind gute Anregungen, wißt ihr, ich möchte einfach mithelfen, daß eine positive Frauenbewegung in Gang kommt.« Einen Monat vorher habe ich diese Gedanken in ein Schulheft geschrieben, das ich so ab und zu als Tagebuch und Ideenspeicher benutze.

Noch stehen die Ideen und Gedanken bruchstückhaft im Raum – sind nicht »ausgegoren«. Als nächstes pflanzen wir unsere neuen Gedanken in die Köpfe unserer Freundinnen in der Gesprächsgruppe. Und die Idee kommt an! Jede kennt eine ganze Anzahl Frauen aus der Nachbarschaft, die sie einladen könnte. Und das einige Male im Jahr, das wäre nicht schlecht...

Vielleicht wäre ein Frühstück eine Möglichkeit, so wie sie die IVCG (Internationale Vereinigung christlicher Geschäftsleute) zweimal im Jahr organisierte? Einige Male hatte ich teilgenommen, und mir war aufgefallen, daß fast immer mehr Frauen als Männer anwesend waren.

Sollten wir aber nicht erst in unserem Wohnviertel ausprobieren, ob es funktionierte? Ich war zu der Zeit sehr auf unsere nähere Umgebung fixiert und wollte mit den anderen möglichst hier etwas in Gang bringen...

...bis zu jenem denkwürdigen Tag Anfang März 1983! Es sollte einer der peinlichsten Abende werden, an die ich mich erinnern kann... Wir hatten den holländischen Jazz-Pianisten Carel Heinsius und seine Band – er war gerade auf Tournee in der Schweiz – eingeladen, bemühten uns um die Aula der Schule und verschickten über 200 persönliche Einladungen. Allein die Zeit, die mich das gekostet hat! Schon einige Jahre vorher war ein ähnliches

Konzert gut besucht gewesen, weil damals auch die Kirchengemeinde mitgemacht hatte. Diesmal allerdings blies der Pfarrer zum Rückzug, d. h. er wollte nichts damit zu tun haben und uns mal »machen lassen«. Trotz allem aber waren wir zuversichtlich, war doch Carel Heinsius ein echter Meister in Sachen Jazz, dazu ein engagierter, glaubwürdiger Christ. Für die ganze Band gab's zum Abendessen Pizza aus dem Hause Jakob, dann machten wir uns voller Erwartung Richtung Schule auf. Fünf Minuten vor acht wurde uns langsam mulmig zumute... in dem Saal mit seinen 150 Plätzen saßen kaum mehr als zehn Leute, und die Hälfte davon waren aus der Frauengesprächsgruppe! Ich war froh, als das Licht ausging und die leeren Stuhlreihen uns nicht länger angähnten... Am liebsten hätten Ben und ich uns unsichtbar gemacht! Aber irgendwie überstanden wir den »Flop«, und ich zog Schlüsse: »Das war's für unseren Ortsteil«, grollte ich, »jetzt fange ich doch etwas für Frauen an!«

Einige Wochen später entwerfe ich ein erstes »Konzept für ein überkonfessionelles Frauentreffen« und verschicke 60 Einladungsbriefe an Frauen aus dem Großraum Zürich, die ich im Laufe der Jahre und durch die Seminare kennengelernt habe.

»Durch das intensive Arbeiten mit Frauen ist mir das Anliegen gewachsen, in Zürich eine Treffpunkt-Möglichkeit zu schaffen, zu der man regelmäßig dem Glauben fernstehende Frauen einladen könnte. Viele Frauen sind heute allein, isoliert oder überlastet und überfordert. Alleinstehenden und Berufstätigen fehlen oft die Gelegenheiten, andere Frauen als Menschen mit gleichen oder ähnlichen Problemen und nicht als Konkurrentinnen kennenzulernen.

Aus diesen Gedanken und Erfahrungen heraus ist die Idee eines überkonfessionellen Frühstücks-Treffens gewachsen. – Solche Treffen kann eine Person allein nicht durchführen, dazu benötigt man Mitarbeiterinnen! Darf ich Sie deshalb einladen, mit mir ein Abenteuer zu beginnen?«

Dieser Abend im Hotel International in Zürich, der 18. Mai 1983, wird mir unvergeßlich bleiben. Die Hälfte der angeschriebenen Frauen haben die Einladung angenommen. Jede der 30 Anwesenden stellt sich kurz vor und formuliert ihre Gedanken zu so einem Treffen:

Erna: »Ich bin schon seit der ersten Frauengesprächsgruppe mit dabei und finde es wichtig, daß wir viel mehr Frauen erreichen als nur in den kleinen Gruppen.«

Vreni (mit Dominique aus Schaffhausen angereist): »Vor etwas mehr als einem Jahr habe ich durch Dominique zum Glauben an Christus gefunden, mein Mann vor einigen Wochen ebenfalls. Mein Leben ist durch die Beziehung zu Gott so viel reicher geworden, und ich möchte andere an meinem Erleben teilhaben lassen. Ich kann es kaum erwarten, bis es losgeht!«

Doris: »Seit längerer Zeit habe ich Gott gefragt, ob er mir neben der Aufgabe zu Hause mit den Kindern und einem vielbeschäftigten Ehemann etwas zeigen könnte, das ich für ihn tun kann. Nun waren wir in den Ferien, und als ich zurückkam, lag deine Einladung für heute vor. Das war deutliches Reden für mich. – Mein Mann hat sich übrigens angeboten, uns gratis ein Signet zu entwerfen, wenn wir so etwas brauchen.«

Steffy: »In einer christlichen Frauengesprächsgruppe fand ich zum Glauben an Christus. Mir war es eine so große Hilfe, daß mich jemand zu sich nach Hause in diese Gruppe eingeladen hat. Ich freue mich, daß ich bald meine vielen Bekannten zum Frühstück mitbringen kann.«

Dominique (mit einem reizenden französischen Akzent): »Ich warte schon lange auf eine Gelegenheit, daß ich viele meiner Bekannten an einen schönen und gemütlichen Ort einladen kann, wo nicht nur übers Wetter geredet wird, sondern über viel Wichtigeres.«

Eine Abstimmung ist nicht mehr notwendig: Wir wollen es wagen, miteinander ein Abenteuer zu beginnen, von dem niemand weiß, wie es ausgehen wird! Mutig reservieren wir den Hotelraum. Für die kommenden Wochen wartet noch einiges an Arbeit auf uns: das Wählen des Signets, Texten und Drucken der Einladungen, Organisieren des Kinderhütedienstes (Spielsachen sammeln etc.) und Besprechen des Treffens.

»Und wer bezahlt das alles?« Gute Frage! »Wir müssen eben alle etwas aus unserem Sack beisteuern, damit wir die erste Druckerrechnung begleichen können. Nachher dürfen wir hoffen, daß wir mit den zwei Franken Unkostenbeitrag einigermaßen rauskommen.« Mutig und vertrauensvoll hatte das von mir geklungen. Ab und zu kamen mir aber – vor allem nachts – berechtigte Zweifel, ob das nicht *zu* mutig gewesen war? (Vor allem wenn ich an das Druckangebot von über 2000 Franken dachte ...) – Aber das Geld kam zusammen! In einer Sitzung verteilte ich einfach Einzahlungsscheine, und jede Frau sparte, wo es möglich war – und es klappte.

Ein größerer Schock steht uns aber noch bevor. (Wie weise ist es eingerichtet, daß wir nicht in die Zukunft sehen können!) Drei Wochen vor dem ersten Treffen ruft eine Mitarbeiterin abends um 10 Uhr bei mir an: »Du, Barbara, ich erhalte hier eine Einladung und sehe, daß unser Referent am 24. September an einem anderen Ort spricht!« Das hat uns gerade noch gefehlt. Mir bleibt die undankbare Aufgabe, drei Wochen vor dem Treffen einen Ersatz zu suchen, der sich zum Glück, nach vielen negativen Bescheiden, auch finden läßt. Die Einladungen beim Drucker können in letzter Minute gestoppt und geändert werden.

Und dann sind sie da! Unsere 1800 Einladungen. Jede Frau hat seit Wochen eine Adressenliste geführt, damit sie auch niemanden vergißt, den sie einladen möchte. Fürs erste Treffen verschickt jede Frau ihre Briefe persönlich, damit die Eingeladenen auch wissen, woher sie kommen. Also keine Anonymitäten. Erst nachher wird eine Adressenkartei gegründet.

Tatsächlich – eine wahre Lawine ist mit den Einladungen ins Rollen gekommen, denn »praktisch jede dritte Karte ist wirksam geworden«, meint ein Werbefachmann später. »Von so einem ›Rücklauf‹ kann die Wirtschaft nur träumen ...«

Wir beginnen langsam zu ahnen, was so ein Abenteuer mit sich bringen könnte!

900 Frauen beim Frühstück

Wir haben einen größeren Raum gefunden! Zwar ist er nicht ganz so gemütlich wie unser erster. Dafür hoffen wir aber, niemanden abweisen zu müssen, bietet er doch 900 Personen Platz. Deshalb dürfen wir getrost noch ein bißchen Werbung machen. Weil gerade Wahlen sind, entschließen wir uns, Stadtrats-Frauen und Nationalrätinnen anzuschreiben. Ich selbst suche stundenlang Adressen heraus und schreibe unsere Einladungsbriefe persönlich. Viele dieser politisch engagierten Frauen entschuldigen sich und bedauern, nicht teilnehmen zu können, sind aber weiterhin an Informationen interessiert.

Einmal – ich bin gerade am Aufwischen der Küche (sie hat es bitter nötig...) – meldet sich am Telefon Frau Kopp. Im ersten Moment weiß ich gar nicht, wen ich am anderen Ende der Leitung habe. Wir bekommen ja so viele Anrufe von Frauen, die sich einfach mal erkundigen wollen, was das Frühstücks-Treffen denn genau ist, wer es organisiert, was dahintersteckt. »Ich wollte Ihnen schnell selbst Bescheid sagen und es nicht meine Sekretärin machen lassen«, sagt Frau Kopp. »Ich wäre sehr gerne dabei gewesen, aber mit den Wahlen bin ich leider zu belastet. Senden Sie mir aber die Einladungen weiterhin zu.«

Endlich geht mir ein Licht auf! Sie ist die Nationalrätin Elisabeth Kopp aus dem Nachbardorf! (Inzwischen ist Frau Kopp die erste Frau Bundesrätin, die es in der

Schweiz je gegeben hat.)

Aber auch andere Frauen haben von unseren Frühstücks-Treffen gehört. Meine Schwägerin Lotti aus Thun will mit einigen Bekannten zum zweiten Treffen anreisen, und auch aus Bern haben sich Frauen angemeldet. Mein Mann, der oft beruflich in Gießen zu tun hat, erzählte dort von dem großen Ereignis – und Lilli will mit über zehn Frauen nach Zürich fahren, um auszukundschaften, ob so etwas auch für Gießen denkbar wäre ... Eine Freundin aus Schweden weilt bei uns zu Besuch und beobachtet interessiert alle Vorgänge vor dem Treffen – ob das schwedischen Frauen zusagen würde?

Wie abgemacht, informiere ich frühzeitig die beiden großen Züricher Tageszeitungen. Eines Morgens klingelt das Telefon: »Sind Sie die Frau Jakob von den Frühstücks-Treffen? Ich bin Maya Doetzkies, Journalistin vom Tages-Anzeiger. Ich möchte gerne mit Ihnen ein Interview machen. Können Sie mir einen günstigen Zeitpunkt nennen?« Mir wird flau in der Magengegend. Nein, zum Vorbeikommen habe sie keine Zeit, sie interviewe mich einfach übers Telefon, das würde schon reichen. »Rufen Sie um 10.00 Uhr an, dann sind die Kinder aus dem Haus.« Sandra ist ja sowieso in der Schule, Micha und Rebekka bringe ich schnell zu Ursula.

Über eine halbe Stunde lang fragt mich Frau Doetzkies aus. Ich versuche, gute Antworten zu geben. Sie scheint interessiert und angetan zu sein. Ein bißchen Verwunderung höre ich auch in ihrer Stimme. Aber trotz der guten Anzeichen weiß ich ja doch nicht, was morgen in der Zeitung stehen wird. Ich will es getrost Gott überlassen ... aber gespannt bin ich! Früh am anderen Morgen laufe ich zum Briefkasten – und das Ergebnis liegt bereits vor.

Tages-Anzeiger Mittwoch 9. November 1983

Das aktuelle Interview: Heute mit Barbara Jakob, Initiantin des Frühstücks-Treffens für Frauen

«Wo man über Leben und Glauben sprechen kann»

Frauen- und Zmorgentreffs sind in den letzten Jahren überall spontan entstanden. Wie unterscheidet sich Ihr Frühstücks-Treffen von diesen Hocks?

Wir wollten einen Ort schaffen, wo einmal im grossen Rahmen über Leben und Glauben gesprochen werden kann. Dass ein Bedürfnis nach einem solchen Forum besteht, haben wir an der Aktion Neues Leben gesehen. An dieser Aktion, die im Mai 1982 stattfand und Christen wieder aktivieren wollte, beteiligten sich 250 katholische, reformierte und freie Kirchgemeinden im Kanton Zürich. Anschliessend entstanden 1500 Gesprächskreise, aber das waren alles kleine Gruppen. Den Wunsch nach etwas Grösserem hörte ich oft von Frauen. 30 Frauen haben dann das erste Treffen vom 24. September organisiert; wir rechneten mit 250 Teilnehmerinnen, 500 kamen.

Hat das Treffen demnach Pioniercharakter?

Das kann man sagen. Es kommen jetzt schon Frauen aus andern Städten und aus Deutschland zu mir, die wissen wollen, wie ein solcher Treffpunkt zu gestalten sei. Die Zeit scheint dafür reif zu sein.

Warum verlegen Sie es immer auf den Samstag?

Wir sollen auch die Berufstätigen ansprechen, und die können nur am Wochenende teilnehmen.

Wie sieht der Ablauf eines Treffens aus?

Zuerst wird das Frühstück serviert, dann kommt der Lebensbericht einer Frau. Das wollen wir beibehalten, um zu zeigen, dass jede Frau etwas zu sagen hat. Dann folgt das Referat, anschliessend die Diskussion.

Wie ist es möglich, unter 500 Leuten eine sinnvolle Diskussion zustande zu bringen?

Wir diskutieren an den Tischen, und es gibt sehr angeregte Gespräche. Die Frauen sind ganz anders, wenn keine Männer dabei sind, dann getrauen sie sich zu reden. Wir wollen ja, dass ungeniert und ohne Hemmungen über Glaubens- und Erziehungsfragen gesprochen werden kann. Und ein solch grosses Treffen ermuntert viele, selber etwas in Angriff zu nehmen

Sind die Interessierten nicht sowieso schon irgendwo aktiv?

Wir wollen kein Sammeltopf werden für Frauen, die sich schon in einer Kirche engagieren. Die Einladungen zum ersten Treffen erfolgten deshalb auf einer sehr persönlichen Basis, jede nahm Freunde oder Bekannte mit. Wir sind überkonfessionell und kein Verein, jede Frau kann unverbindlich hineinschnuppern, die Teilnahme verpflichtet zu nichts.

Wie oft sollen die Treffen stattfinden?

Für das nächste Jahr sind sechs Treffen geplant.

Wer finanziert sie, und wo kann man sich anmelden?

Der Unkostenbeitrag beträgt 10 Franken, davon gehen 8 an das Restaurant für das Morgenessen, 2 bleiben für die Referentenhonorare, Druckkosten und so weiter übrig. Anmelden muss man sich bis spätestens Donnerstagabend bei Frau M. Huber, Schweighofstrasse 323, Zürich, Telefon 463 85 08.

Ein Abenteuer ist spannend, nie genau voraussehbar, was als nächstes kommt! – Schon wieder das Telefon, es läßt einem aber auch gar keine Ruhe! »Guten Tag, sind Sie Frau Jakob von den Frühstücks-Treffen?« (Diesen Satz habe ich auch schon irgendwo gehört . . . !) »Hier ist das Schweizer Fernsehen, Herr Brügger. Ich habe gehört, daß morgen bei Ihnen Frau Christa Meves sprechen wird. Wir haben schon lange versucht, Frau Meves zu interviewen wegen der Pressesache in Luzern. Dürften wir auf Ihrem Treffen filmen?« Zuerst einmal verschlägt es mir die Sprache, ich schnappe nach Luft. »Ich weiß nicht, von uns aus sicher, aber vielleicht sollten Sie Frau Meves selbst fragen, weil es ja in erster Linie um sie geht.« Zwei Stunden später ruft Herr Brügger zurück. Frau Meves hätte lieber kein Fernsehen dabei, wenn sie schon einmal 900 Frauen für sich alleine habe. »Darf ich aber selbst am Treffen teilnehmen? Ich werde mich ganz hinten in eine Ecke setzen und das ganze auf mich wirken lassen. Schließlich kenne ich Frau Meves nicht persönlich.« Natürlich kann ich Herrn Brügger diese Bitte nicht abschlagen! Er wird der erste Mann als Teilnehmer eines Frauen-Frühstück-Treffens sein!

Früh um 7.30 Uhr ist unser Team schon im »Spirgarten«. Das Tischdecken ist noch in vollem Gange, der Manager hilft mit, sieht müde aus. »Sie hatten gestern abend einen Türkenball – wie lange hat der denn gedauert?« – »Bis vier Uhr früh.« – »Da haben Sie aber nicht viel Schlaf gekriegt.« – »Überhaupt keinen«, kam die Antwort. »Wir haben gleich mit Umstellen angefangen. Und 300 Tassen und Teller haben wir wegen ihres Großansturms auch noch zusätzlich anschaffen müssen!«

900 Plätze stehen bereit – traurig, daß trotzdem fast 100 Frauen eine Absage erteilt werden mußte. Miedi hatte es fast das Herz gebrochen! (Sie sollte sich aber noch daran gewöhnen müssen.)

Während des Frühstücks halte ich heimlich Ausschau nach dem Fernsehmann, aber der ist nirgends zu erblikken. Hoffentlich kommt er noch, bevor Steffy erzählt, wie sie durch eine Frauengesprächsgruppe zum persönlichen Glauben an Christus gefunden hat, wie dieser neu gefundene Glaube auf eine harte Probe gestellt wurde, als ihr zweijähriger Sohn verunglückte, und wie ihre Verbindung zu Christus in der Alltagsbewältigung hilft.

Nach dem Vortrag bringt eine der Mitarbeiterinnen Herrn Brügger nach vorn. Ich stelle mich vor – er scheint überrascht zu sein. »Nun, wie hat Ihnen der heutige Morgen gefallen? Haben Sie den Bericht der jungen Frau noch gehört, oder sind Sie erst später gekommen?« – »Ja, ich kam gerade kurz vorher herein. Es war sehr interessant. Aber ich habe eine viel homogenere Gruppe von Leuten erwartet.« – »Homogen – wie?« – »Nun, wie man sich die Christen so vorstellt!« – »Wie denn«, frage ich nach. – »Nun, ältere Frauen mit Knoten auf dem Kopf.« Ich muß schmunzeln. Das alte Klischee von den Christen, die nur altmodische, hinterwäldlerische Menschen sein können, aber nicht modern, zeitgemäß...! »Aber jetzt sagen Sie mir, was finden denn Sie und all die anderen jungen Frauen (es stehen einige um uns herum – und er blickt in die Runde) – an diesem ganzen Zeugs? Warum interessiert Sie die Frage nach Gott und Glauben?« Ich verweise ihn an eine der Mitarbeiterinnen und bitte sie, sich um Herrn Brügger zu kümmern, denn ich bin bei den ausländischen Gästen gefragt.

Herr Brügger muß so völlig überrascht gewesen sein von diesem Frühstücks-Treffen und vor allem von den vielen modernen jungen Frauen, daß es ihn fast vom Stuhl haute – zumindest brachte es alle seine Klischees, die er sich im Laufe der Zeit aufgebaut hatte, ins Wanken. Er blieb bis ganz zuletzt im Saal und sprach immer wieder mit Frauen, fragte sie nach der Motivation ihres Kommens.

Der Film wurde dann während einer anderen Veranstaltung aufgenommen. Ich rief Herrn Brügger einige Tage später beim Fernsehen an, da meinte er: »Wir hätten lieber bei Ihnen gedreht, bei dem anderen Vortrag war nämlich jene ›homogenere‹ Gruppe viel stärker vertreten, die ich bei Ihnen erwartet hatte.« – Herr Brügger bemühte sich später um eine gute Berichterstattung des Fernsehens, die wir auch bei unserem dritten Treffen erhielten. Er persönlich hat angefangen, sich ernsthaft mit dem Glauben auseinanderzusetzen.

Am Nachmittag finden wir uns – etwa 40 Frauen aus Gießen, Bern, Effretikon, Schaffhausen – in einem kleinen Nebensaal ein, um über die Ausdehnung der Treffen zu beraten. In großer Eile habe ich erste Unterlagen zusammengestellt, beantworte Fragen, ermutige die Frauen, selbst anzufangen. Gegen Abend reisen die etwa 15 Frauen aus dem Kanton Bern wieder zurück, und auch die Gießener machen sich auf die lange Reise nach Deutschland. Ob der Gedanke wohl zündet?

Das Frühstück kommt ins Rollen

Der Gedanke hat gezündet! Telefonanrufe aus Gießen, Bern, aus Effretikon und anderen Orten sind schon fast an der Tagesordnung. In einigen Städten beginnen die Vorbereitungen. Im September, ein Jahr nach unserem Start in Zürich, finden in Schaffhausen, Bern und Effretikon/Illnau erste Treffen statt. Für jeden Ort, der mit dem Frühstückstreffen beginnt, fängt gleichzeitig ein Abenteuer an. Für jede Mitarbeiterin persönlich, für das Team als Ganzes. Überraschungen, Schwierigkeiten, unerwartete Dinge, sie alle gehören dazu. Und sicher ließe sich von jedem Ort ein kleines Buch mit all diesen Ereignissen, Erlebnissen füllen. Der Weg jeder einzelnen Frau in die Mitarbeit ist faszinierend, einmalig und für andere ermutigend.

Stellvertretend für alle anderen Frauen und Städte möchte ich hier die Berichte einiger herausgreifen:

Bern: »Ich habe mich verändert«

Bericht von Gertrud Stücklin-Baumann

Hätte man mir vor einiger Zeit gesagt, ich würde einmal vor mehr als tausend Frauen stehen und für eine große Sache wie die Frühstücks-Treffen Verantwortung tragen, wäre man bei mir gewiß auf taube Ohren gestoßen. Hatte ich nicht noch eine schlimme Erfahrung in den Gliedern? Eine Erfahrung, die mir sonnenklar gezeigt hatte, daß ich niemals mehr vor einer Gruppe sprechen würde?

Ich war damals junge Pfarrfrau. Meine Aufgaben in Haus, Garten und Familie erfüllten mich ganz. Wie eine trübe Wolke erschien mir deshalb die Anfrage, ob ich am Weltgebetstag eine Besinnung halten wolle. Natürlich war auch klar, daß ich zusagte. Schließlich war ich ja Pfarrfrau!

Seit meiner Zusage konnte ich mich über nichts mehr so recht freuen. Je näher der besagte Abend heranrückte, um so schlimmer wurde mir zumute. Schon längst konnte ich meine »Predigt« auswendig.

Dann war der gefürchtete Tag da. Ich war zu nichts mehr fähig. Es schien mir kaum vorstellbar, daß nach diesem Abend das Leben normal weitergehen würde. Völlig geschwächt machte ich mich dann auf zur katholischen Kirche.

Wie betäubt vor Angst stand ich auf der Kanzel und sagte mein gut »Auswendiggelerntes« herunter. Es lief alles perfekt ab, doch ich wußte, daß meine Worte nicht lebten.

Beim anschließenden Beisammensein war mir elend zumute. Ich spürte nur zu gut, daß ich meine Pflicht zwar recht erfüllt, daß aber meinen Worten einfach die Aussagekraft gefehlt hatte. Ich wußte mit Sicherheit, daß ich eigentlich gar nichts zu sagen hatte.

Seit diesem für mich sehr markanten Erlebnis sind einige Jahre verstrichen. Jahre, in denen sich mein Glaube bewähren mußte. Jahre auch, da ich vom Leben geschüttelt wurde, da einiges nicht so verlief, wie ich es eigentlich gewollt hätte. Vieles, das ich theoretisch gehört und gelernt hatte, mußte ich jetzt mühsam in die Praxis umsetzen. Es sollte sich nun zeigen, ob all das, was ich kindlich glauben gelernt hatte, denn auch wirklich anwendbar sei. Dabei entdeckte ich etwas für mich sehr Großes. Jede schwierige Erfahrung wurde im nachhinein zu einem kostbaren Besitz, den mir niemand nehmen kann.

Tunnelerlebnisse oder »Wanderungen im finsteren Tal« (Psalm 23) sind für mich Gelegenheiten, den Glauben auf die Probe zu stellen. Daran festzuhalten, daß der Tunnel einen Ausgang hat, daß Gott den Ausgang kennt und mich dorthin führen wird, daß ich ihm vertrauen darf – das sind für mich Glaubenserlebnisse, die mich reich gemacht haben. Durch solche Erfahrungen habe ich auch ganz fein gespürt, daß eigentlich auch ich etwas zu sagen hätte, daß es nicht mehr nur Wissen wäre, sondern etwas selbst Erlebtes.

Ich erinnere mich sehr gut an »Tunnelzeiten«, da ich den Wunsch verspürte, von jemand anderem verstanden zu werden. Ich fühlte mich allein. Die Frauen rund um mich schienen sicher, und es machte den Eindruck, als meisterten sie ihre Aufgaben bestens. So wagte ich kaum, von meinem Tunnel zu sprechen. In diesen Situationen fühlte ich wiederum, daß ich später einmal etwas tun würde für Frauen um mich herum! Ich hatte jedoch keinerlei Drang, mir irgendeine Aufgabe zu suchen. Das private Leben behagte mir zu sehr. Eigentlich ärgerte es mich immer, wenn meine Mutter vor ihrem Tod wiederholt zu mir sagte: »Kind, du könntest doch etwas mehr tun als nur für deine Familie sorgen.«

Nun, kurz nach ihrem Tod kam dann eben die Anfrage, ob ich die Verantwortung für die Berner Frühstücks-Treffen für Frauen übernehmen würde. Meine zögernde Zusage bedeutete für mich einen wahren Aufbruch. Obwohl ich genau wußte, daß ich weder zum Reden fähiger geworden war, noch mein Leben souverän meisterte, wagte ich es. Ich hatte inzwischen gelernt, daß nicht perfekte Vorträge von perfekten Frauen gefragt sind, sondern Echtheit. Echt will ich sein. Ich fühle mich bei Gott angenommen und darf mich so, wie ich bin und wie ich es kann, einsetzen. Ich muß auch nicht für ein Leben ohne Schwierigkeiten plädieren. Durch meinen Alltag werde ich zur Genüge daran erinnert, daß ich nicht über die Probleme des täglichen Lebens erhaben bin. Darum geht es aber auch nicht.

Ich möchte ganz einfach Frauen Mut machen und ihnen sagen, daß sie nicht allein sind, und vor allem, daß der Glaube an Jesus Christus wirklich echte Lebenshilfe ist.

Zusammen mit mir haben sich auch andere Frauen aufgemacht, indem sie große, für sie total unbekannte Aufgaben übernommen haben. Sie alle bestätigen mir, daß sie durch diese Herausforderung als Menschen verändert worden sind.

Das Berner Frühstück

Nach einem halben Jahr Vorbereitung waren dann auch wir Bernerinnen für unser erstes Frühstücks-Treffen gerüstet. Wir hatten im Kursaal den Leuchtersaal mit seinen 600 Plätzen gemietet. War das nicht übertrieben? Machten wir uns nicht lächerlich?

Das Telefongespräch mit einem Verantwortlichen einer Berner Tageszeitung trug auch nicht besonders zu unserer Ermutigung bei: Etwas gönnerhaft erklärte man mir, Bern sei natürlich niemals mit Zürich zu vergleichen. Die Bernerinnen seien allem Neuen gegenüber eher skeptisch.

Nun, wir erhielten ungefähr 900 Anmeldungen! Daß wir 300 Absagen erteilen müßten, hätten wir nie gedacht. Natürlich haben wir für die folgenden Anlässe den größten Saal mit seinen 1200 Plätzen gebucht und haben seither 10 Frühstücks-Treffen durchgeführt.

Die Anmeldungen nahmen dauernd zu. Zum Vortrag von Dr. Manfred Engeli, Psychotherapeut aus Bern, meldeten sich 1800 Frauen an! »Von der Macht der Gedanken« lautete sein Thema (siehe dazu Artikel auf Seite 64).

Wie hart war es für unsere liebe, geduldige Mitarbeiterin, die die Anmeldungen entgegennahm, so viele Frauen mit einer Absage enttäuschen zu müssen. Am Freitagabend vor besagtem Treffen war sie völlig erschöpft und schwankte zwischen Lachen und Weinen.

Das Echo, das die Frühstücks-Treffen auslösten, bestätigt uns allen, daß sich unser schwacher Aufbruch gelohnt hat. Auch wenn wir alle bisweilen aufs Äußerste gefordert sind, freuen wir uns, unsere Kräfte für eine solch feine Sache einsetzen zu dürfen. Wenn wir nach einem Frühstücks-Treffen lesen, was die Teilnehmerinnen auf die Kommentarkarten geschrieben haben, fühlen wir uns für unseren Einsatz mehr als belohnt:

»Nach jedem Treffen fühle ich mich wie neu gebadet.«

»Mir hat dieser Vortrag viel gegeben, und ich glaube, daß ich dadurch noch mehr Freude lerne.«

»Dieser Morgen hat mich wieder aufgerichtet.«

»Ich ging ganz erfüllt und voll guter Vorsätze nach Hause.«

Marlène Thomann (katholisch) ist verheiratet und Mutter eines siebenjährigen Sohnes. Sie fand im ansprechenden Vortrag von Monika Meier wertvolle Denkanstösse. Das überkonfessionelle christliche Denken spricht sie an.

Nach den Vorträgen suchte man den persönlichen Kontakt zur unbekannten Tischnachbarin.

Berner Zeitung 30. Nov. 1984

Thuner Frauen kommen nach Bern

Dieses eine Mal waren die Bernerinnen ganz schön schnell! (Man sagt ihnen in der Schweiz nach, daß sie langsam seien ...) Das Berner Frühstücks-Treffen ist auch das größte dieser Art geworden mit seinen meist über 1000 Teilnehmerinnen.

Als Bern mit den Treffen startete, arbeiteten zehn Frauen aus der Thuner Gegend im Berner Trägerkreis mit. Bald reisten jedesmal fast 400 Frauen die 30 und mehr Kilometer nach Bern, um dort das Frühstück zu genießen. Dies bewog die Thuner Frauen, selbst mit den Treffen anzufangen. Ich habe meiner Schwägerin Lotti Jakob und ihren Nachbarinnen Regula Mäder und Greti Gurzeler einige Fragen gestellt:

Was hat euch bewogen, 1983 nach Zürich zu fahren?

LOTTI: Während einiger Zeit schon traf ich mich mit Frauen aus unserer Nachbarschaft zum regelmäßigen Gedankenaustausch in einer Frauengesprächsgruppe. Die in Zürich begonnenen Frühstücks-Treffen schienen mir das zu sein, was dem geheimen Wunsch vieler Frauen entsprechen könnte.

GRETI: Die ganze Sache faszinierte mich: Wie kann die christliche Botschaft in so großem Rahmen an Frauen gebracht werden und wie wird eine solche Veranstaltung von Grund auf organisiert?

Was hat euch zur Mitarbeit in Bern motiviert?

REGULA: Du, Barbara, hast mal in Steffisburg ein »Seminar für offene Frauengesprächsgruppen« gehalten. Diese Art der Arbeit hat mich angesprochen. Ebenso schien mir das Frühstücks-Treffen ein Ort zu sein, wohin ich mit sehr gutem Gewissen dem Glauben fernstehende Frauen, also »neue Gäste«, einladen könnte.

LOTTI: Ich sah hier eine gute Möglichkeit aufzuzeigen, daß der christliche Glaube eine enge Beziehung zum Alltagsleben einer Frau hat.

Dann aber konnten wir durch die Mitarbeit in Bern auch selbst viel lernen, was uns den Start hier in Thun mit unserem eigenen Frühstücks-Treffen sehr erleichtert hat. Nun müssen nicht mehr unzählige Frauen mit dem Zug oder Auto nach Bern »pilgern«, sondern können unser Treffen in Thun besuchen! Obschon wir uns im größten Saal der Region mit 450 Plätzen treffen, finden nicht alle Frauen Platz, die gerne kommen möchten.

Wie hat euch die Mitarbeit verändert?

GRETI: Mein Selbstvertrauen durfte wachsen! Ich lernte Christus in allen Situationen viel mehr zu vertrauen. Auch erkannte ich die Wichtigkeit, in einem größeren Mitarbeiterkreis das eigene Ich zurückzunehmen.

LOTTI: Arbeit in der Öffentlichkeit zu übernehmen war mir bisher fremd, geschweige denn vor einigen hundert Leuten zu reden! An der EXPLO in Basel (ein weltweiter Kongreß für aktives Christsein) wurde mir bewußt, daß Gott nicht in erster Linie nach meinen Fähigkeiten Ausschau hält, sondern meine Verfügbarkeit will. So habe ich damals entschieden, mich Gott vorbehaltlos zur Verfügung zu stellen, ohne zu ahnen, was auf mich zukommen würde. Als man mich bat, die Leitung des Frühstücks-Treffens in Thun zu übernehmen, erinnerte ich mich an meinen Entschluß, Gott ganz zu dienen. Inzwischen durfte ich erleben, daß er meine Verfügbarkeit ernst genommen hat, aber auch seine Verheißung, in den Schwachen mächtig zu sein.

So konnte ich trotz einer wohl normalen Nervosität vor mehr als 400 Frauen sprechen, ohne daß mir die Stimme versagte, was früher oft der Fall gewesen war, wenn ich vor einer Gruppe von Menschen etwas öffentlich sagen mußte.

Was sagen eure Ehemänner zum Engagement?

LOTTI: Weil mein Mann sich mit den Zielen dieser Frauenarbeit identifizieren kann, ermuntert er mich immer wieder, die Herausforderung anzunehmen.

Regula: Mein Mann macht sogar selber Reklame für die Treffen, weil er deren Notwendigkeit sieht! Manchmal ist er sogar ein wenig neidisch auf die Frühstücks-Treffen – für Männer gibt es leider nichts!

Greti: Auch mein Mann unterstützt mich und steht ganz dahinter. Er nimmt Anteil, besonders auch dann, wenn es einmal nicht glatt läuft.

Leidet nicht die Familie darunter?

Greti: Sie leiden – wie sie selbst sagen – sicher nicht, berührt wird die Familie aber schon davon: Häufiger ist die Mutter am Telefon (ich bin Koordinatorin für die Frauengesprächsgruppen), dafür sind die Socken nicht immer geflickt... Die ganze Arbeit fordert mehr Planung und Zeiteinteilung von mir.

Regula: Wenn ich die Prioritäten richtig setze, leidet die Familie sicher nicht. Manchmal müssen sie halt für die nervöse Mutter ein wenig Verständnis aufbringen, (z. B. bevor ich einen Gesprächskreis leiten soll...). Der Segen für unsere Familie ist aber spürbar. Die Freude überwiegt bei weitem. Wir haben auch neue, wertvolle Freunde für die ganze Familie gefunden durch die Mitarbeit bei den Frühstücks-Treffen.

Winterthur: Die Züricher Frauen haben Großstadtprobleme!

Bericht von Annie Gottschall

Dies war mein spontaner Kommentar zu den ersten durchgeführten Frühstücks-Treffen von Frauen für Frauen. In unserer sehr provinziellen Stadt würden solche Frauentreffen kaum Anklang finden; zudem bestünden in Winterthur ja bereits recht viele christliche Aktivitäten, war meine Meinung.

Mit wachsendem Interesse jedoch verfolgte ich das Geschehen dieser überkonfessionellen Anlässe in Zürich.

Vermehrt wurde ich auch in Winterthur von Frauen auf dieses »Abenteuer« hin angesprochen. Entspringen diese Treffen wohl doch einem echten Bedürfnis – und könnten sie Gelegenheit zu persönlichen Gesprächen bieten, ja Anlaß werden, Antwort auf die geheimsten Fragen und Probleme unserer Beziehung mit Gott zu finden?

Mit einigen anderen Frauen besuchte ich ein Informationstreffen im Züricher Oberland, um zu sehen und zu hören, was genau dahintersteckte. Durch verschiedene Gespräche mit Züricher Mitarbeiterinnen wurde die Idee immer konkreter.

Vorerst sollte ein überkonfessionelles Team von Frauen gebildet werden. Bis zu dem Zeitpunkt kannten wir eigentlich nur gemeindegebundene Aktivitäten für Frauen in unserer Stadt. Bald liefen die Vorbereitungen auf Hochtouren, die Einladungen waren gedruckt und bereit. Voll freudiger Erwartung fuhr ich mit meinem bepackten Auto zu unserer letzten großen Sitzung vor dem ersten Frühstücks-Treffen. Ein bissig kalter Wind wehte – ich steckte den Schlüssel zum Öffnen des Kofferraumes ins Schloß, drehte ihn um – und brach ihn ab. Könnte auch eine solch gute Sache Widerstände haben – wie abgebrochene Schlüssel, kalte Winde – könnte das Abenteuer steckenbleiben?

Bei meinem Auto gab es zum Glück noch eine weitere Möglichkeit zur Öffnung des Kofferraumes. Dank dieser Vorrichtung konnten unsere Einladungen doch noch rechtzeitig an die Mitarbeiterinnen verteilt werden. Und keine einzige blieb übrig! Ich war beglückt und zugleich beschämt. Unser himmlischer Vater hatte seinen Segen gegeben – er würde uns auch den Schlüssel zum Öffnen der Herzen schenken.

In der Zwischenzeit sind unsere überkonfessionellen Treffen zu beliebten und gut besuchten Veranstaltungen geworden, die wir alle nicht mehr missen möchten.

Biel: Vom Kosmetik-Studio zum Frühstücks-Treffen

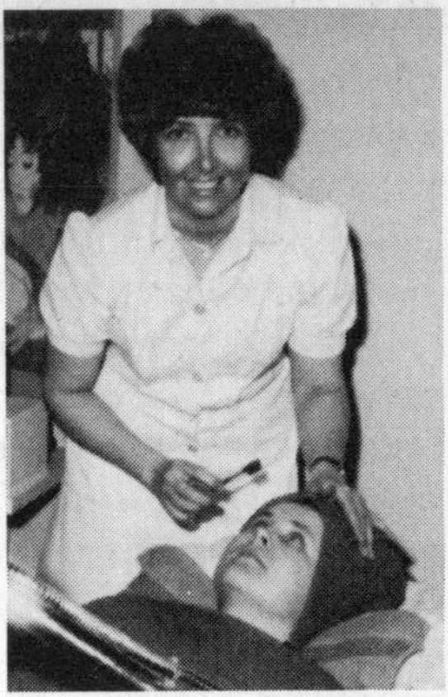

Die gleiche Frau, die die Frühstücks-Treffen nach Brighton »transportiert« hat – Antoinette Schramm (siehe Bericht Seite 117) – ist auch dafür »verantwortlich«, daß Frühstücks-Treffen in Biel entstanden. *Ihre Tochter, Astrid Buntschu-Schramm, berichtet:*

In der Schule war ich eher schüchtern, so ein graues Duckmäuschen. Kindergärtnerin wollte ich werden. Dieser Wunsch erfüllte sich ein Stück weit darin, daß ich Arzthelferin bei einem Kinderarzt wurde.

Mit 27 Jahren hatte ich irgendwie das Gefühl, etwas im Leben verpaßt zu haben, so wechselte ich zunächst meinen Beruf und lernte Kosmetikerin. Bald danach eröffnete ich ein Geschäft. Ein Jahr später heiratete ich meinen Traummann. »So, jetzt hast du alles, was du dir wünschen kannst«, dachte ich, aber im Grunde genommen war ich unglücklich. Meine Welt spielte sich im Äußeren und Sichtbaren ab, ich reiste von Kongreß zu Kongreß, um mich in der Kosmetikbranche weiterzubilden. Aufgedonnert und geschminkt stolzierte ich umher, schließlich wollte ich allen – besonders mir selbst – beweisen, wie glücklich ich sei. Doch innerlich wurde ich immer depressiver und fand wenig Sinnerfüllung in meinem Leben. Zwar spielte ich die Rolle der ausgefüllten, zufriedenen Geschäfts- und Ehefrau, doch war dieses Rollenspiel ziemlich anstrengend und belastend. Oft überkamen mich Traurigkeit und Verzweiflung. Immer mehr zog ich mich zurück.

Zur gleichen Zeit erlebte ich eine interessante Veränderung bei meiner Mutter. Sie erzählte mir, sie habe Jesus Christus ihr Leben anvertraut. Mir war die ganze Sache fremd. Schließlich waren wir einigermaßen regelmäßig zur Messe gegangen, hatten die Kommunion erhalten – was sollte also das Ganze? Ich beobachtete sie argwöhnisch und kritisch!

Kurze Zeit später begleitete ich sie und meinen Bruder Thomas nach Brighton. An einem Tag saßen wir dort am Meer, als Thomas die Bibel hervornahm und anfing, laut daraus vorzulesen. Das war nun doch zu viel; ich stand auf und lief davon! Aus sicherer Entfernung beobachtete ich Mutter und Sohn – und ehrlich gesagt, »mir hets fascht abglösche« (ich konnte mich kaum erholen ...)!

Beim Abschied fragte mich Thomas: »Na, Schwesterchen, wie steht's eigentlich mit deinem Glauben?« Diese Worte ließen mich nicht mehr los. Einige Wochen später, in einer meiner schon fast normalen Depressionsphasen, betete ich zu Gott: »Wenn es dich wirklich gibt, dann möchte ich dich kennenlernen, und ich übergebe dir jetzt mein ganzes bisheriges und zukünftiges Leben.« Eigentlich erwartete ich eine spontane Antwort, ich erhoffte ein Licht zu sehen, oder zumindest einen Knall zu hören, aber nichts geschah. Meine Mutter bestätigte mir später, daß Glaube kein Gefühl sei, sondern eine Sache, die man im Vertrauen tue. Gefühl könne wohl als Begleiterscheinung vorkommen, aber unser Glaube sollte niemals von Gefühlen abhängig sein.

Bald lernte ich gläubige Christen kennen. In vielen Gesprächen mit ihnen löste sich so manches Problem, z.B. wurden meine Minderwertigkeitsgefühle abgebaut und mehr und mehr durch eine innere Zufriedenheit und Sicherheit abgelöst.

Voller Begeisterung erzählte ich meinem Mann von meiner Glaubensüberzeugung. Ehrlich gesagt – ich war über seine Reaktion schockiert! Zum ersten Mal in unserer Partnerschaft wollte und konnte er mich nicht verstehen. Er fand meine Art überspannt und übertrieben, ja fast fanatisch. Mir wurde schmerzlich bewußt, daß ich damals in Brighton über meine Mutter und meinen Bruder ähnliche Gedanken hatte. In meiner Begeisterung merkte ich nicht, wie ich auf meinen Mann einredete und ihn drängte. Ich dachte, er müsse doch so schnell wie möglich dasselbe erkennen wie ich. Doch mein Drängen bewirkte genau das Gegenteil. Wir konnten plötzlich nicht mehr miteinander reden, und jeder wich Konfliktsituationen aus. Und beide stürzten wir uns in die Arbeit.

Nach einiger Zeit entschlossen wir uns, an einem Eheseminar teilzunehmen, das Ben und Barbara Jakob durchführten. Wir erhielten an den fünf Abenden jeweils Fragebogen, die wir getrennt auszufüllen und anschließend im Gespräch mit dem Partner auszutauschen hatten. Durch diese Gespräche lernte ich, Konfrontationen nicht auszuweichen und weniger impulsiv und gefühlsmäßig zu handeln. Kurz, wir lernten, wieder miteinander zu reden, einander besser zu verstehen. Mein Mann wurde mir gegenüber flexibler und geduldiger. Dies gab uns ein neues Partnergefühl, und unsere Unterschiedlichkeit wurde mehr und mehr zur Ergänzung und Bereicherung! Inzwischen interessiert sich mein Mann auch mehr und mehr für Glaubensfragen, und ich bin gespannt, wie es weitergeht.

Natürlich habe ich nach wie vor mein Geschäft. Zwar in reduzierter Form wegen unseres Jungen, aber ich übe meinen Beruf mit Freude aus und habe kürzlich die Ausbildung zur Fach- und Modestilberaterin abgeschlossen. Für viele Frauen bin ich fast eine Art »Seelsorgerin« geworden. Während sie sich von mir äußerlich pflegen lassen, öffnen sie oft ihr Inneres. Natürlich ist dies meist eine gute Gelegenheit, meine Kundinnen zum Frühstücks-Treffen einzuladen. Wie aber kam ich überhaupt dazu?

Meine Mutter hatte mir begeistert von ihrer Erfahrung in Zürich erzählt. Sie kannte Barbara Jakob und arrangierte ein Treffen mit ihr und mir im Herbst 1984. Ich überlegte lange, was ich anziehen sollte (das Äußere ist mir immer noch wichtig ...)! Für so einen Frauennachmittag im üblichen Sinn würde mein beiges Wollkleid mit wenig Effekt ganz gut sein, dachte ich. Um 14.00 Uhr hatten wir

BIELER TAGBLATT / SEELÄNDER BOTE • DIENSTAG, 25. MÄRZ 1986

STADT BIEL

Frauen zwischen Emanzipation und traditionellem Glauben

Fünftes Frühstückstreffen von Frauen für Frauen im Kongresshaus

Am Samstag fand im Bieler Kongresshaus das fünfte «Frühstückstreffen von Frauen für Frauen» statt. Rund 600 Frauen fanden sich ein, um über Lebens- und Glaubensfragen zu sprechen. In einem Referat orientierte eine Ärztin aus Zürich über psychosomatische Krankheiten.

Text: Bruno Bader

Jnd dann erzählt eine Frau aus ihrem Leben, eine «gewöhnliche Frau», wie die Organisatorinnen meinen, weil «jede Frau etwas zu sagen hat». Das übliche, billige Bekehrungsschema, im Stil von «früher miserabel und jetzt wunderbar»? Vielleicht doch nicht ganz: Von ihrer gescheiterten Ehe erzählt sie, von Kindern, die in den Drogen landeten. Auch und vor allem spricht sie dann über ihren Glauben, erzählt von ihrem Vertrauen auf Gott. Spricht davon, wie der Glaube ihr geholfen habe, Angst und Versagen zu überwinden. Die Frauen hören zu, aufmerksam und gebannt. Und fühlen mit.

Vielleicht ist es gerade das, was die Frühstückstreffen derart beliebt macht: Die Möglichkeit, offen über Lebensprobleme diskutieren zu können. Astrid Buntschu, Organisatorin der Bieler Treffen und Besitzerin eines Kosmetikstudios, zweifelt jedenfalls nicht: «Lebens- und Glaubensfragen sind vielerorts tabu. Etliche Frauen können auch nicht im Kreis ihrer Familie darüber sprechen.» Deshalb wollen die Frühstückstreffen ein Forum sein, ein Forum, wo sie über sich, ihr Frausein und ihren Glauben sprechen können.

*

Dann der Vortrag. Ursula Köppel, Mutter und Ärztin, spricht über psychosomatische Krankheiten. Von menschlichen Grundbedürfnissen spricht sie, von Liebe und Anerkennung. Und sagt, dass der Entzug dieser Bedürfnisse psychosomatische Krankheiten zur Folge hätte, dass das menschliche Urvertrauen gestört sei.

uns an der Straßenbahnstation Richtung Küsnacht verabredet. Als wir ausstiegen, erwartete uns eine attraktive junge Frau im Hosenanzug. Ich traute meinen Augen nicht, es war tatsächlich diese Barbara Jakob. Ich hatte mir so ein Hausmütterchen vorgestellt, etwas bieder, zwar recht mutig, jedoch ohne viel Ausstrahlung. Bald danach saßen wir in ihrem Wohnzimmer und ließen uns mitreißen von der übersprudelnden Erzählung über die ersten Anfänge der Frauen-Gesprächsgruppen bis hin zu den heutigen großen Treffen. In kurzer Zeit wußte jede der anwesenden Frauen (ich hatte noch einige mitgebracht), wie solche Treffen zu organisieren sind und worauf es ankommt. Ihre Art wirkte ansteckend.

Mir fiel auf, wie liebevoll, aber bestimmt sie auf mich einredete und ab und zu sagte: »Du, als Koordinatorin von Biel...« – Das war nun doch zuviel, am liebsten wäre ich geflüchtet. Ich konnte doch die Verantwortung für einen solchen Posten nicht übernehmen! Zwar war ich schon einige Jahre Christ, aber...

Meine Gedanken schweiften zurück. Die ganze Vorbereitung für Frauenarbeit begann für mich eigentlich im Frühling 1981 an einem Montagmorgen um 5.00 Uhr in einem nüchternen Hauseingang in Biel. An diesem Tag mußte ich die Prüfung in Bern für das eidgenössische Diplom als Kosmetikerin ablegen. Ich stand also da, aufgetakelt, mit feuerroten Fingernägeln, und wartete gespannt auf die Leute, die um diese Zeit in eine Gebetsgruppe kommen sollten...! In dieser Gruppe lernte ich fröhliche, natürliche Christen kennen. Bald schmiedeten wir Pläne für ein Begegnungszentrum für Frauen und Kinder. Wir waren uns einig, es sollte etwas mit Büchertisch, Gesprächen unter Frauen und einer Kinderbetreuung werden. Eines Tages dann, nach langen, krampfhaften Bemühungen, ein dafür geeignetes Lokal zu finden, baten wir Gott, uns doch einen Weg zu zeigen. Und nun saß ich hier bei Barbara und hörte von den Frühstücks-Treffen von Frauen für Frauen. War das nicht der Weg, den Gott uns zeigen wollte?

Am ersten Informationsabend in Biel nahmen später über 50 Frauen teil, und 27 davon waren bereit, irgendeine Aufgabe bei den Frühstücks-Treffen zu übernehmen.

Noch im Dezember 1984 bildete sich der Trägerkreis mit Frauen aus ganz verschiedenen Kirchen. Im Juni des folgenden Jahres fand das erste Treffen mit fast 700 Frauen statt. JONI, eine amerikanische Tretraplegikerin, die sich zu der Zeit gerade in der Schweiz aufhielt, war unsere erste Referentin. Sie hat den wichtigen Satz geprägt: »Es ist besser, im Rollstuhl zu sitzen und Gott zu kennen, als ihm auf gesunden Beinen ein Leben lang davonzulaufen.«

Überall ist die Kinderbetreuung ein Bedürfnis: Hier ließen sich 55 Kinder Geschichten erzählen, spielten mit Kuscheltieren und nippten zufrieden an ihrer Limonade.

Schweizerische Koordinatorin

Die Hirzels sind eine beeindruckende Familie! Bei ihnen ist Christsein untrennbar auch mit sozialem Engagement verknüpft, was sich vor allem in einer »offenen« Familie auswirkt, in der Liebe aufgetankt werden kann. Ich erinnere mich noch gut an den Abend, als Marianne uns im Trägerkreis einige Erlebnisse mit ihren Kindern erzählte.

»Eines Tages brachte unsere älteste Tochter Esther eine Schulkollegin mit nach Hause und sagte: ›Mami, sie braucht Liebe, sie braucht Nestwärme, wir müssen sie unbedingt bei uns aufnehmen. Sie kann jetzt nicht mehr mit ihrem Vater zusammenleben, die Mutter ist weg, und sie braucht jetzt Liebe.‹ – Wir sprachen mit ihrem Vater und am folgenden Sonntag, als wir nach Hause kamen, war unsere Wohnung etwas verändert. Ich ging ins Zimmer unserer Töchter. Da lagen sie beide, zusammen mit dieser Schulkollegin. Das Mädchen wohnte dann ein ganzes Jahr bei uns. Sie genoß die Nestwärme, tankte Liebe auf, und meine Töchter halfen dabei ganz intensiv mit. Die Mädchen verzichteten auf einen Teil ihres gemeinsamen Zimmers und auf verschiedenes andere und wohnten zu dritt als Teenager in einem kleinen Zimmer. Dieses Mädchen hat sich gefangen, ist heute Krankenschwester und hat ihren Weg gefunden.«

Auf die Frage, weshalb Jsa, ein 16jähriger Türkenjunge als Pflegesohn in der Familie wohnt, berichtet Marianne: »Esther las ein Inserat in der Zeitung: ›Ein Kind sucht eine Familie, ein Türkenkind, vorerst nur für Wochenenden.‹ – Mir wurde beinahe schlecht, als sie damit zu mir kam. Ich dachte: ›Nein, jetzt nicht schon wieder, jetzt haben wir doch gerade etwas Luft. Ich kann einfach nicht mehr, ich habe so viele andere Aufgaben. Nein, dafür reicht nun wirklich meine Liebe nicht mehr!‹ Sie ließ mir keine Ruhe. ›Hast du jetzt angerufen?‹ fragte sie fast jeden Tag. Ich hoffte immer noch, daß es irgendwie nicht zustande käme. Aber schließlich mußte ich dann doch anrufen. Der Junge hatte noch keine Familie gefunden, niemand hatte sich

Von links nach rechts: Kathi, Patrik, Esther, Pflegesohn Isa, Daniel, Marianne und Wohnpartnerin Maya.

gemeldet. Ich rang innerlich: ›Gott, das kannst du mir nicht antun. Jetzt noch einen Türkenjungen in dem schwierigen Alter, das ist zuviel!‹ Als ich dann einmal im Gebet fragte: ›Gott, was würdest du machen an meiner Stelle?‹, da wurde mir klar, daß Gott ein Gott der Liebe ist – und was tut die Liebe? Sie sagt ja.

Ich sagte ja, unter Tränen. An Weihnachten feierte Jsa schluchzend mit uns Weihnachten, das erste Mal als Mohammedaner. Er sagte, er habe einen einzigen Wunsch: »Nie mehr Eltern suchen zu müssen!« Damals kannte er uns erst ein paar Tage. Als mein Mann ihn dann in die Arme nahm und sagte: ›Du mußt nie mehr Mutter und Vater suchen, wir sind immer für dich da‹, da hatte ich das Gefühl: In mir bricht eine Welt zusammen. Das schaffe ich nie, das kann ich nicht. Aber tief in meinem Herzen spürte ich: Gott liebt mich und Er wird mir Liebe geben für dieses Kind. Als wir dann nach Weihnachten eine Freizeit mit Jugendlichen leiteten, wurde Jsa gefragt: ›Wie heißt du eigentlich?‹ Seine einfache Antwort war: ›Hirzel natürlich – wie denn sonst!‹ Nun ist Jsa ganz als Pflegesohn zu uns gezogen – und Gott schenkt tatsächlich immer wieder Liebe und die nötige Kraft!«

Natürlich steht auch Daniel Hirzel ganz hinter der Aufgabe seiner Frau. Er hat sie immer wieder ermutigt, Aufgaben abzugeben, sich selbst zu entlasten, um für die wirklich wichtigen Dinge genügend Zeit zu haben. In den lebhaften Zeiten, die eine solche »Groß-Familie« mit sich bringt, ist er der ruhende Pol, der auch dann noch genügend Nerven hat, wenn sie bei allen andern versagen...

Nun aber der persönliche Bericht von Marianne Hirzel:

Liebe Barbara,

Du hast mich gebeten, einige Gedanken für Dein Buch zu Papier zu bringen. Natürlich tue ich das gerne, wir haben ja viel miteinander erlebt in den Anfangsjahren des Frühstücks-Treffens!

Einige Frauen aus Wetzikon hatten zusammen ein »Frauen-Kafi« ins Leben gerufen. Wir trafen uns am Dienstagmorgen alle 14 Tage in einem Café und hörten ein kurzes Referat einer Frau über Lebens- und Glaubensfragen. Weil ich Dich in einem »Seminar für offene Frauengesprächsgruppen« kennengelernt hatte, wollte ich Dich als Referentin einladen. An jenes Telefongespräch im Juni 1983 erinnere ich mich noch genau. Spontan hast Du mir von der Idee des Frühstücks-Treffens und Eurer ersten Sitzung erzählt und mich eingeladen, doch bei der zweiten mit dabei zu sein. Ich war interessiert und gespannt – und wollte einfach mal als Zuhörerin kommen. Von Anfang an war ich fasziniert! Die Freude und Begeisterung von Dir und den anderen Frauen motivierte mich, mitzuarbeiten.

Weißt Du, eigentlich bin ich gar nicht ein so positiver Mensch. Wenn etwas Neues kommt, dann habe ich meistens pessimistische Gedanken: Du hast doch schon so viele negative Erfahrungen gemacht, wie soll das jetzt etwas

Gutes werden? Aber Euer Einsatz und die positive Einstellung überzeugten mich.

Eine positive Erfahrung war das Kennenlernen und Zusammenarbeiten mit Frauen aus ganz verschiedenen Kirchen! Dies hat mir die echte Möglichkeit gezeigt, in einer überkonfessionellen Arbeit zu stehen.

Ich denke aber auch an die weniger guten Erfahrungen – trotz allem – mit Dankbarkeit zurück, weil ich auch dadurch viel lernen konnte. Damals, als einige Frauen aus dem Trägerkreis die ganze Arbeit anders sahen, anders geführt haben wollten! Für mich persönlich war dies eine schwierige Zeit. Daß sich dann einige Männer einschalteten, um uns zu helfen, empfand ich als sehr wertvoll. Und es zeigte mir, daß wir Frauen uns doch manchmal sehr mit unseren Gefühlen in unrealistische Sphären hineinsteigern können. Da war die kühle Logik der Männer eine große Hilfe! Sie hörten sich beide Seiten an und schafften mit einigen Aussagen Klarheit.

Viele unserer damaligen Anfangsschwierigkeiten können neuen Orten durch das wertvolle »Handbuch für Frühstücks-Treffen« sicher erspart bleiben. Ich bin jedesmal dankbar, wenn ich es einer neuen Koordinatorin mitbringen darf.

Ich darf Dir jetzt aber auch ruhig gestehen, daß ich damals immer wieder mit dem Gedanken spielte, aus der Arbeit auszusteigen. Gründe dafür hätte ich genug gehabt, wenn ich an mein zeitliches Engagement in meinen diversen Frauengruppen, in der Gemeinde oder in der übergemeindlichen Frauenarbeit dachte. Innerlich aber spürte ich, daß ich dies nicht tun durfte.

Als Du dann Euren Umzug nach Deutschland angekündigt hast, ist mir das Herz schon schwer geworden. Wie sollte das werden, wenn unser »Motor«, der mit soviel Einsatz und Freude die Arbeit durchgezogen hat, wenn Du nicht mehr da sein würdest?

Bei einem Besuch bei Dir zu Hause hast Du mich dann gefragt, ob ich nicht bereit wäre, Deine Nachfolgerin und schweizerische Koordinatorin zu werden. Ich sah das überhaupt nicht. Deshalb habe ich auch gleich nein gesagt, ohne den Gedanken weiter zu bewegen. Aber intuitiv wußte, spürte ich, daß Deine Anfrage wieder aktuell würde! Ich spürte, daß etwas auf mich zukam, das ich eigentlich nicht wollte und gegen das ich mich vehement wehrte. Es war ein intensiver innerer Kampf! Ich wußte, es würde jetzt heißen, eine große Verantwortung zu übernehmen, aber innerlich hatte ich Panik und auch Angst. Aber trotz allem war mir klar, daß ich ja sagen mußte, so schwer mir das auch fiel.

Nach unseren Ferien schrieb ich dann einen Brief an alle Koordinatorinnen und lud sie zu einer Lagebesprechungssitzung ein. Ist mir diese erste Sitzung schwergefallen! Ich hatte Gott als Bedingung gestellt, daß – wenn er mich für diese Aufgabe wollte – ich einstimmig von allen damaligen Koordinatorinnen als »provisorische« Leiterin bestimmt würde.

Ganz offen habe ich das in der Sitzung mitgeteilt – und ich war sehr bewegt, daß alle mich einstimmig »gewählt« und mir ihre Hilfe und Unterstützung zugesagt haben. Diese Ermutigung brauchte ich!

Du erinnerst Dich sicher noch daran, daß ich später noch ganz persönlich mit einem starken Angriff wegen meiner Berufung als schweizerische Koordinatorin fertig werden mußte. Er kam von einer Seite, von der ich es nicht erwartet hätte. Ich war deswegen sehr bedrückt, prüfte mich nochmals, ob dies wirklich meine Aufgabe sein sollte. Ich verstand damals überhaupt nicht, warum ich nochmals durch eine solche Krise hindurch mußte. Aber ich begriff nachher, daß diese Situation nur dazu diente, daß ich meine Motive, meine Berufung nochmals vor Gott prüfen konnte.

Auch neige ich dazu, es immer allen recht machen zu wollen und hatte Mühe, einen Weg zu gehen, den gute Freunde und Bekannte nicht verstehen konnten. Bis dahin war mir das auch erspart geblieben. Jetzt lerne ich, die Angst vor Menschen mehr und mehr abzulegen.

Von Herzen freue ich mich über die 18 Orte, die bereits

Frühstücks-Treffen durchführen. Und Frauen aus immer noch mehr Städten bekunden Interesse. Ich bin oft unterwegs, manchmal für Informationen, Schulungen oder auch als Referentin. Kürzlich besuchten einige Frauen aus Innsbruck (Österreich) das Treffen in St. Gallen und wollten überlegen, ob sie mit Frühstücks-Treffen beginnen könnten.

Du fragst noch, wie meine Kinder die aktive Mutter verkraften. Zum Glück sind sie inzwischen ja schon fast ganz erwachsen – also nicht mehr so auf meine Hilfe in jedem Bereich angewiesen. Alle wohnen aber noch zu Hause. Natürlich höre ich manchmal: »Ach, diese ewigen Telefonanrufe!« Oder wenn ich häufig unterwegs bin, sei es für ein Wochenende oder eine ganze Woche, finden sie schon, es wäre bequemer, wenn die Mutter immer da wäre und man nur rufen könnte: »Mami hast du ... Mami machst du ...« – und es nicht selbst tun müßte! Aber sie sagen mir auch, daß sie stolz sind und sich freuen, daß ich so eine Aufgabe habe. Sie zeigen viel Interesse und nehmen Anteil.

Weißt Du – um zum Schluß zu kommen – ich empfinde die Arbeit der Frühstücks-Treffen als immer wichtiger. Zum einen, weil viele Frauen durch die ganze Emanzipationsbewegung verunsichert sind und durch das Weltgeschehen, das viele in Angst vor der Zukunft leben läßt. Zum anderen aber gerade auch darum, weil wir Frauen einander helfen, einander stützen und Mut machen können und sollen!

Liebe Barbara, ich bin von Herzen dankbar, daß wir Frauen einen kleinen Beitrag zur Erneuerung unserer Gesellschaft leisten dürfen. Pestalozzi hat doch schon gesagt: »Zu Hause muß beginnen, was leuchten soll im Vaterland!«

So, nun ist dieser Brief viel länger geworden, als ich zuerst gedacht habe. Ich hoffe, daß Du mit meinen »Betrachtungen« etwas anfangen kannst. Für Deine neue »Pionierarbeit« im »großen Kanton« (Deutschland) wünsche ich Dir viel Kraft und Freude!

Herzlichst grüßt Dich Deine Marianne

Frauen ziehen Kreise

»Großandrang – Massenveranstaltung« – so lautete die Reaktion einer Journalistin. Geht die einzelne Frau nicht unter in einer solchen »Masse«? Kann man sich da noch wohlfühlen? Kritische Fragen!

Darüber hatten wir uns schon vorher Gedanken gemacht, obwohl wir ja niemals mit diesen schwindelerregenden Besucherzahlen gerechnet hatten! Aber auf jeden Fall wollten wir nicht unsere Gäste durch Erlebnisberichte und Vorträge zum Nachdenken anregen – und sie dann nach Hause entlassen, ohne jegliche Möglichkeit, sich weiter mit anderen im Gespräch auseinanderzusetzen. Die Lösung war die Idee der Kommentarkarten!

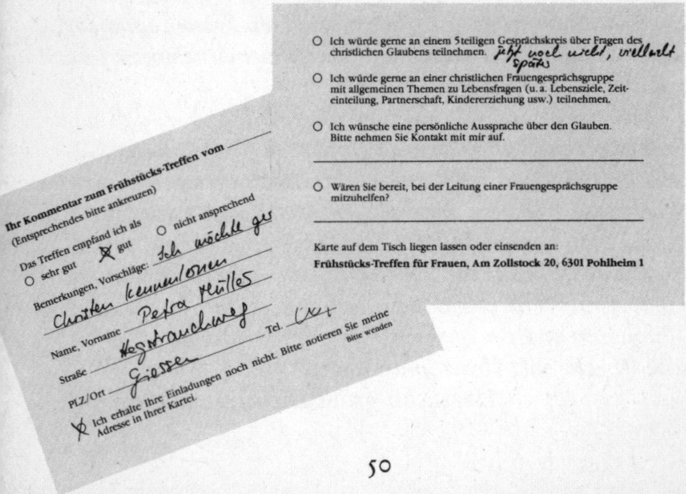

○ Ich würde gerne an einem 5teiligen Gesprächskreis über Fragen des christlichen Glaubens teilnehmen.

○ Ich würde gerne an einer christlichen Frauengesprächsgruppe mit allgemeinen Themen zu Lebensfragen (u. a. Lebensziele, Zeiteinteilung, Partnerschaft, Kindererziehung usw.) teilnehmen.

○ Ich wünsche eine persönliche Aussprache über den Glauben. Bitte nehmen Sie Kontakt mit mir auf.

○ Wären Sie bereit, bei der Leitung einer Frauengesprächsgruppe mitzuhelfen?

Karte auf dem Tisch liegen lassen oder einsenden an:
Frühstücks-Treffen für Frauen, Am Zollstock 20, 6301 Pohlheim 1

Ihr Kommentar zum Frühstücks-Treffen vom
(Entsprechendes bitte ankreuzen)

Das Treffen empfand ich als
○ sehr gut ☒ gut ○ nicht ansprechend

Bemerkungen, Vorschläge:

Name, Vorname

Straße

Tel.

PLZ/Ort

☒ Ich erhalte Ihre Einladungen noch nicht. Bitte notieren Sie meine Adresse in Ihrer Kartei.

Bitte wenden

Wiederum wurden wir von der großen Nachfrage, vor allem nach Frauengesprächsgruppen sehr überrascht!

Nach dem ersten Frühstücks-Treffen lagen bereits gegen vierzig Anmeldungen für Frauengesprächsgruppen vor, aber wir hatten viel zu wenig Leiterinnen dafür. Nach dem zweiten Treffen kamen nochmals eine ganze Anzahl Interessentinnen dazu! In aller Eile luden wir zu einem »Seminar für offene Frauengesprächsgruppen« ein, und über 50 Frauen ließen sich Anregungen für die Leitung einer Gruppe geben.

Warum Frauengesprächsgruppen?

Frauen schätzen es, zusammenzusitzen – und nicht, wie man uns das oft nachsagt, um zu klatschen und tratschen, sondern über die wirklich wichtigen Dinge des Lebens nachzudenken, miteinander ins Gespräch zu kommen! Warum sind Frauen so interessiert daran? Ein Grund ist sicherlich unsere technisierte Welt, in der Dinge oft wichtiger sind als Personen. Dr. S. Pfeifer, ein Psychiater, machte im Juni 1984 am Frühstücks-Treffen in Zürich eine Umfrage zum Thema »Häufigste Ursache für Niedergeschlagenheit und Depression«. Die Gäste konnten die Zettel anonym auf den Tischen liegen lassen. Von 700 Besucherinnen wurden 419 Fragebogen ausgefüllt, und von den zehn aufgeführten Belastungsursachen ergab sich folgendes:

Problem Nr. 1 – Mangelndes Selbstwertgefühl
Nr. 2 – Überlastung und Streß
Nr. 3 – 6 Zyklusbedingte Schwierigkeiten und körperliche Probleme; Probleme mit Kindern; fehlende romantische Liebe in der Ehe (alle mit geringem Abstand).

Der gleiche Arzt gab mir einen Artikel von Dr. med. Annemarie Klingler, Zürich, der in der Schweizerischen Ärztezeitung erschienen ist. Ich möchte hier einige Gedanken daraus wiedergeben:

»... Beispielhaft für diese Depression scheint mir die Aussage einer jungen Frau, die mich aufsuchte mit den Worten: ›Ich weiß gar nicht, warum ich zu Ihnen komme. Es geht mir doch eigentlich gut. Ich habe liebe Kinder, einen Mann, der mich liebt, wir haben alles, was wir brauchen ... Aber ich bin so traurig, ich weiß gar nicht, ob es noch einen Sinn hat, daß ich lebe.‹ Weiter sagt sie: ›Ich komme mir vor wie ein Dienstleistungsbetrieb. Niemand nimmt Kenntnis von dem, was ich tue; und was ich tue, ist auch gar nicht gefragt.‹« Dann folgert Frau Dr. Klingler sehr treffend – und hat sie nicht recht?:

»Auch herrscht bei uns das Prinzip: ›möglichst wenig Kontakt mit den Nachbarn, das erspart Ärger‹ und ›lieber keine Gefälligkeiten annehmen, das verpflichtet nur‹, ›man muß mit seinen Schwierigkeiten selbst fertig werden‹. Diese Wertvorstellungen verhindern Kommunikation und Kooperation der Frauen untereinander. In ihrer Unsicherheit vermutet jede Frau, daß die andere mit ihren Aufgaben viel besser fertig wird als sie. Oder aber sie freut sich in ihrer Not, wenn es einer anderen offensichtlich noch weniger gelingt.«

Den Artikel schließt die Ärztin mit der Aufforderung ab: »Frauen sollte man unbedingt dazu ermuntern, Kontakte nach außen aufzunehmen, und sei es zuerst auch nur für eine Stunde pro Woche. Es ist wichtig, daß die Frau regelmäßig aus ihrem Haus herauskommt und möglichst mit anderen Frauen zusammentrifft.«

Genau das wollen die Frühstücks-Treffen und die Gesprächsgruppen ermöglichen, in freier Form, ohne Verpflichtung, ohne Institution. Und Frauen schätzen dies. In der Schweiz sind über 300 Frauengesprächsgruppen entstanden, neue werden nach jedem Treffen gegründet, je nach Nachfrage. Wieviel diese Gruppen an zwischenmenschlicher Hilfe, an Freundschaften, an »Kooperation« ausgelöst haben, läßt sich nicht in Zahlen erfassen, aber es ist viel in Bewegung geraten!

Natürlich haben wir seit den Anfängen in Zürich auch einiges gelernt. Wenn ein neuer Ort mit Frühstücks-

Treffen beginnen will, wird in der Regel vor dem ersten Treffen bereits ein »Seminar für offene Frauengesprächsgruppen« durchgeführt, damit dann auch genügend Frauen bereit sind, sich mit Interessentinnen in Verbindung zu setzen.

Wie groß die Herausforderung an die einzelnen Frauen ist, plötzlich andere einzuladen, eine Gruppe zu leiten, Beziehungen aufzubauen, zeigen die folgenden Berichte:

Faszination Frauengesprächsgruppe

Bericht von Charlotte Schwendy, Bonn

Seit ich Christ bin, habe ich mich mit vielen Frauen über Lebens- und Glaubensfragen unterhalten. Zu meinem Bedauern blieben die meisten Gespräche Einzelerscheinungen. Es fehlte der geeignete Rahmen, wo wir die Gespräche hätten vertiefen können.

Als Bonn im Herbst 1986 das erste Frühstücks-Treffen durchführte, war das die ideale Gelegenheit, alle diese Frauen einzuladen. Ich war überrascht, wie viele meiner Bekannten positiv reagierten und sogar schon beim ersten Mal selbst Freundinnen mitbrachten.

Zusammen mit einer Freundin leite ich nun zum ersten Mal in meinem Leben eine christliche Frauengesprächsgruppe. Die Frauen hatten sich auf den Kommentarkarten für die Gruppe interessiert, und wir haben sie dann eingeladen. Sie kommen nicht nur regelmäßig, sondern sind auch begeistert. Es ist ein Geschenk für jede von uns, andere Frauen regelmäßig zu treffen, Frauen, die uns zuhören und an unseren Lebensproblemen teilnehmen. Unsere Gäste sind alles Frauen, die der Kirche fernstehen. Miteinander lernen wir, daß Gott nicht Illusion, sondern real im Alltag erfahrbar ist.

So haben sich bei mir (ich bin alleinstehend) schon eine Woche nach unserem ersten Beisammensein zwei gravierende Änderungen ergeben: eine im zwischenmenschlichen Bereich, die andere in meinem Beruf. Eine mir sehr nahestehende Person, die sich zurückgezogen hatte, rief wieder an, und von meinem Arbeitgeber erhielt ich die Kündigung für eine von mir eigentlich sehr ungeliebte Arbeit. Während ich also diese Zeilen schreibe, bin ich arbeitslos, eine neue Aufgabe ist aber in Sicht.

Eine Besucherin unserer Gruppe ist Renate. Sie ist Ministersekretärin, alleinstehend. Sie hat an sich und ihrer Tochter erfahren, wie sie sich besser helfen können. Während sie vorher oft ungeduldig und gereizt reagierten, haben die beiden sich nun gemeinsam hingesetzt, um die gestellten Aufgaben miteinander zu lösen. Im Beruf erlebt Renate, daß sie mehr Verständnis für »unleidliche« Kollegen aufbringen kann. Durch Gebet und praktisches Verständnis beginnt sie, die Atmosphäre in ihrem Büro zu verändern.

Auch Anna hat eine neue Lebensdimension dazugewonnen. Sie ist verheiratet, Hausfrau und Mutter von drei erwachsenen Kindern. Zum ersten Mal in ihrem Leben hat sie bewußte Erfahrungen mit Gott gemacht. Vor kurzem, in einer Narkose, fühlte sie den herannahenden Tod, aber auch Gottes rechtzeitige Hilfe: Ärzte und Schwestern meisterten in letzter Minute die Krisensituation. Sie weiß, daß Gott sie vor dem Ersticken bewahrt hat. Durch diese dramatische Lebenserfahrung rechnet Anna heute stärker mit der Wirklichkeit Gottes. Sie liest nun regelmäßig in dem »kleinen roten Buch«, einem Neuen Testament, das sie im Krankenhaus geschenkt bekam. Oft schlägt sie es einfach auf und freut sich, daß Gott ganz persönlich in ihre augenblickliche Situation hineinspricht.

Die sehr schüchterne Irmgard hat im Bereich Kommunikation gelernt. Gleich nach unserem Abend mit dem Thema »Probleme – und meine Haltung dazu«, hat sie Mut gefaßt und ein Gespräch mit ihrem Chef geführt. Sie konnte ihm manches sagen, was sie schon lange bedrückte.

Die Liste dieser Beispiele ließe sich beliebig fortsetzen. Was uns hilft, zu praktischen Antworten zu kommen, sind die Arbeitsblätter zu dem Buch von Barbara Jakob »Mit uns Frauen fängt alles an«. Die vorbereiteten Lektionen sind auf unser tägliches Leben bezogen. So wurde uns allen neu bewußt, ein Problem als eine zu lösende Aufgabe zu sehen und nicht andere für unser vermeintliches Unglück verantwortlich zu machen.

Erleben wir also nur rosarote Zeiten? – Gewiß nicht! Wir erfuhren Krankheit an uns selbst und uns nahestehenden Personen, Arbeitslosigkeit; manche Erwartungen auf bessere Verständigung mit dem Ehepartner oder in der Familie sind noch nicht erfüllt. Auch auf Veränderungen in unserem eigenen Charakter warten wir noch. Aber eines haben wir begriffen: Jesus Christus hat Kraft und Macht. Durch sein Wort bekommen wir neue, befreiende Maßstäbe für unser Leben. Das Schönste und Höchste ist die Liebe, die wir miteinander einüben dürfen in unserer Gruppe.

Frauengesprächsgruppen in Berlin

In Berlin fand das erste Frühstücks-Treffen für Frauen im Herbst 1986 mit 330 Teilnehmerinnen statt. Sechs Frauengesprächsgruppen und zwei Gesprächskreise über Glaubensfragen sind daraus entstanden. Zwei Leiterinnen von Frauengesprächsgruppen berichten:

Bereits vor dem ersten Frühstücks-Treffen für Frauen in Berlin habe ich mich bereit erklärt, mit einigen interessierten Frauen eine Gruppe zu beginnen. Ich erhielt die Adressen von sieben Frauen, die in meiner Nähe wohnten, die ich aber nicht kannte. Ich setzte mich also ans Telefon, um einen möglichen Zeitpunkt für ein erstes Kennenlernen herauszufinden. Gleichzeitig wollte ich auch erfahren, welche Fragen bei den einzelnen Teilnehmerinnen im Vordergrund stehen würden. Ein für alle günstiger Termin kristallisierte sich bald heraus, den ich aber allen Beteiligten zusammen mit meiner Adresse und einem kleinen Gruß nochmals schriftlich mitteilte. Nun war ich sehr gespannt auf unser erstes Treffen am 7. November um 20.00 Uhr, zumal ich bis auf eine Frau aus unserer Mutter-Kind-Gruppe lediglich meine Mitarbeiterin, alle anderen aber nur vom Telefon her kannte. Erstaunlicherweise hatten wir schon von Anfang an eine offene, ja herzliche Atmosphäre, obgleich alle Frauen von sehr unterschiedlicher Prägung waren. Durch eine ausführliche Vorstellung kamen wir sehr schnell über Alltagsfragen ins Gespräch, so daß wir uns am Ende beeilen mußten, das Thema für das nächste Treffen festzulegen. Wir hatten uns eine Zeitbegrenzung bis 22.00 Uhr gesetzt, weil einige Berufstätige schon früh aufstehen mußten. Jeden ersten und dritten Montag im Monat wollten wir uns treffen.

Beim zweiten Beisammensein kamen wir nach kurzer Denkpause in ein offenes, ehrliches Gespräch über die Fragen, die ich nach Absprache mit meiner Mitarbeiterin vorbereitet hatte. Mit einem Gedicht von Dietrich Bonhoeffer beschlossen wir unseren Abend.

Beim dritten Treffen wiederholten wir die Fragen, weil eine Frau zum ersten Mal dabei war. Zu meiner Freude brachte sie ihren ausgefüllten Fragebogen mit und konnte sich so schnell in die Gruppe einfügen. (Ich hatte ihr den Fragebogen vorher zugeschickt, zusammen mit dem Gedicht und einer kurzen Schilderung der Gruppe, damit sie sich nicht ausgeschlossen vorkommen mußte.)

Ich freue mich sehr über unseren Gesprächskreis und denke, daß diese zwei Stunden zweimal im Monat so wertvoll sind, daß ich sie gern noch mehr ausschöpfen und ausfüllen würde.

Marianne Youett, Berlin

Frauengesprächsgruppe – was bedeutet das für mich? Wiedereinstieg in eine aktive Arbeit im christlichen Bereich nach einigen Jahren Pause. Ich bin jetzt 30 Jahre alt, habe zwei Kinder und bin zur Zeit Hochschulassistentin.

Frauenarbeit – das bedeutete zu Beginn die große Freude und das Staunen über die vielen Frauen, die ganz erwartungsvoll und gespannt zum ersten Frühstücks-Treffen mitkamen und sich jetzt auch gern zum bevorstehenden zweiten Treffen einladen lassen. Noch größer war und ist meine Freude über unsere Gruppe, die jetzt entstanden ist aus Frauen, die beim ersten Treffen ihr Kreuzchen hinter »Frauengesprächskreis« machten und Doris und mir zugeteilt wurden – und aus solchen, die ich persönlich angesprochen und eingeladen habe. Insgesamt sind wir sieben. Was sich vielleicht schön formuliert, gleichsam »blankpoliert« anhört – »frau« will einmal unter sich sein und Gedanken austauschen, in einer vertrauensvollen Atmosphäre Fragen, Probleme, Ängste und Hoffnungen zur Sprache bringen – das klappt in der Praxis – und zwar auf Anhieb. Ich bin wirklich erstaunt, *wie* offen sich die Frauen geben, die sich vorher nicht kannten und von Eheproblemen, Erziehungsschwierigkeiten, Auswirkungen von Behinderungen und ähnlichem reden.

Das aufmerksame Zuhören und die liebevollen Nachfragen aller Teilnehmerinnen zeigen der Erzählenden, daß sie wichtig genommen wird. Wir vergleichen unsere

Schwierigkeiten und merken, daß es bei *uns allen* nicht »nur glänzt« und helfen uns. Schon die Erkenntnis, daß ich mit einem Problem nicht allein dastehe, kann echte Hilfe sein.

Die gute Atmosphäre, die sich jetzt schon nach vier Treffen entwickelt hat, läßt mich entspannt und froh auf die nächsten Male hoffen. Anstehende Themen bei uns lauten »Auswirkungen von Tschernobyl – was können wir tun?«; »Wie gehe ich mit dem Wunsch meiner Kinder nach Waffen oder dem Umfunktionieren der Kleiderbügel in Schießeisen um?«, sowie Nachgespräche zu den jeweiligen Vortragsthemen der Frühstücks-Treffen.

Ich freue mich über diese Aufgabe, der ich nicht »vorstehe«, sondern »in« der ich stehe, mittendrin!

Birgit Wenzel, Berlin

Von der Frauengesprächsgruppe zur Koordinatorin

Bericht von Erna Jaeger, Küsnacht/Zürich

Ich erinnere mich noch an den Sonntag, als mich Barbara beim »Kirchen-Treff« auf meine Schwangerschaft hin ansprach. Auch bei ihr war so etwas ähnliches sichtbar... ob es mein erstes Kind sei? Nein, mein drittes. Und schon waren wir mitten im Gespräch. Die mir bis dahin nicht bekannte Frau lud mich in eine »Still-Gruppe« ein, die sich ab und zu bei ihr zu Hause traf – und mich von der Thematik her sehr interessierte. Dank der Teilnahme an diesen Treffen war es mir dann auch möglich, unseren Christian einige Monate voll und dann teilweise zu stillen, eine für mich schöne und sehr wertvolle Erfahrung.

Allerdings steckte hinter Barbara und Ben noch vieles andere, wie ich bald herausfinden sollte. Sie luden meinen Mann und mich zu einem gemütlichen Abend bei sich ein, an dem ihr Freund, Garth Hewitt, ein englischer Pfarrer und Sänger, ein kleines Hauskonzert geben würde. Die Musik und auch die Leute waren super. Wir hatten uns bisher unter Christen eher alte Menschen vorgestellt, die nicht mehr viel »los« haben, aber diese jungen, begeisterten Leute hier und das, was sie über Gott sagten, sprach uns an. Kurze Zeit danach gründeten die beiden einen Bibel-Gesprächskreis. Eigentlich kannten wir uns zu der Zeit noch nicht sehr gut, und es ist nicht meine Art, mit fremden Leuten über Gott zu reden, aber wir gingen trotzdem hin.

Ich kannte ja all die biblischen Geschichten von der Sonntagsschule und der Ausbildung in einem evangelischen Lehrerseminar her. Nach einigen Gesprächsabenden und intensivem Suchen nach der Wahrheit, nach dem Sinn des Lebens, nach Jesus Christus, wurde mir klar, daß man nicht einfach als Christ geboren wird, sondern daß ich mich persönlich für Christus entscheiden muß.

Als ich diesen Schritt wagte und Jesus bat, Herr über mein Leben zu werden, geschah das aufregende Ereignis, an das ich nicht mehr geglaubt hatte: Ich wurde neu geboren, eine neue Welt tat sich mir auf! Ich erlebte, was Jesus zu Nikodemus, dem Pharisäer, gesagt hatte: »Nun wird jeder, der sich auf den Sohn Gottes verläßt, nicht zugrunde gehen, sondern ewig leben.«

In der Folgezeit änderte sich auch in meinem Leben einiges. Vor allem wurde ich ausgeglichener, bekam immer wieder neue Kraft für Haushalt, Kinder und Arbeit und erledigte mehr. Durch das gemeinsame Bibelstudium, durch die Gespräche mit den anderen konnte ich viel persönliche Hilfe erfahren.

Diese für mich neue Erfahrung bewog mich, in der ersten christlichen Frauengesprächsgruppe mitzuhelfen. Nach einiger Zeit ermutigte Barbara mich, selbst eine Frauengesprächsgruppe zu gründen. Außer jungen Frauen aus unserem Bezirk sind auch einige neue dazugestoßen, seit es Frühstücks-Treffen gibt. Als Gruppenleiterin habe ich viele wertvolle Erfahrungen gesammelt. Besonders am Anfang braucht es einen »langen Atem«, bis die neuen Teilnehmerinnen mit der Gruppe vertraut sind, bis sie zuverlässig und regelmäßig kommen. Ich lernte selbst, als Leiterin der Gruppe von Anfang an offen zu sein und auch eigene Schwierigkeiten und Unsicherheiten nicht zu verstecken. Geduld ist wichtig, wenn es um das Verständlichmachen von geistlichen Tatsachen geht. Die Gedankengänge in Glaubensfragen sind vielen Frauen am Anfang oft so fremd, daß sie Zeit brauchen, sich damit auseinanderzusetzen. »Männer sollten eigentlich auch hören, was wir so in unserer Gruppe besprechen«, überzeugte uns eine Frau kürzlich. Deshalb haben wir die Männer zu einem gemütlichen Abendtreffen zu uns eingeladen in der Hoffnung, daß eine neue, »gemischte« Gesprächsrunde entsteht. Natürlich werden wir aber deswegen unsere Frauengesprächsgruppe nicht aufgeben! Die Stunden sind uns viel zu wertvoll geworden.

Als Ben und Barbara nach Deutschland umzogen, fragte mich Barbara ganz direkt, ob ich nicht für die Zürcher Frühstücks-Treffen die Koordination übernehmen könnte. Das war zeitlich und vom Einsatz her eine riesengroße Anforderung an mich, aber auch an meinen Glauben. Als direkte Folge davon lernte ich notgedrungen, meine Zeit einzuteilen, Prioritäten zu setzen, Dinge zu delegieren und mich nur dort einzusetzen, wo es wirklich notwendig ist.

Durch die große Aufgabe wächst auch mein Glaube; ich lerne viel durch gemeinsames Arbeiten und Beten, durch Gespräche und Schulung. Ab und zu heißt das auch, daß ich meine eigene Meinung gegen Widerstände vertreten muß, aber auch lerne, andere Meinungen zu akzeptieren. Team-Arbeit ist bereichernd und erfüllend! Rückblickend bin ich sehr dankbar, daß für mich vieles mit der Einladung in eine Gesprächsgruppe neu angefangen hat, und ich freue mich, daß ich mithelfen darf, Kreise zu ziehen, wie ein Stein, der sich ins Wasser hat werfen lassen...

Gesprächskreise

»Warum und wozu leben wir?« – »Meine Prioritäten« – »Wer ist Jesus Christus?« sind einige der Themen, die in einem auf fünf Treffen beschränkten Gesprächskreis besprochen werden. Wie selten nehmen wir Menschen uns heute Zeit, über diese wichtigen Fragen nachzudenken, mit anderen unsere Gedanken darüber auszutauschen.

Warum besuchen Frauen einen solchen Gesprächskreis? Was bewegt sie, sich mit anderen Frauen, vielleicht sogar noch in einer Privatwohnung, zu treffen, um über Leben und Glauben nachzudenken? Könnte dies nicht sogar sektiererisch sein?

Dazu – und zu anderen Fragen – hat meine Freundin Yvonne Altorfer mit zwei Frauen aus Bern Gespräche geführt.

Frau Raaflaub, wie haben Sie von den Frühstücks-Treffen gehört?

Ich wurde von einer Bekannten eingeladen, mit ihr einmal ein Frühstücks-Treffen zu besuchen. Spontan und gerne sagte ich zu. Als wir im Kursaal ankamen, gab es überall nur Frauen, und im ersten Moment wurde mir angst und bange. Ich fragte mich, ob ich wohl am richtigen Ort sei, ob es nicht vielleicht doch ein Treffen einer emanzipatorischen Frauenbewegung wäre?

Zum Glück aber erwies sich meine Angst als unberechtigt, denn bald wurde ich von einer Bekannten freundlich begrüßt, und kurz nachher sah ich wieder ein bekanntes Gesicht, was mir Mut machte, den Saal zu betreten.

Was hat Sie angesprochen?
Mich beeindruckte vorerst die ganze Organisation. Im Saal waren über 1000 Frauen. Ich stellte mir vor, was für eine Arbeit dahintersteckte und war gespannt, wie der ganze Morgen durchgeführt würde. Rasch gewann ich einen sehr guten Eindruck, und es wurde mir bewußt, mit wieviel Liebe und Hingabe die Frauen dieses Treffen vorbereitet haben mußten. – Wie ist so ein Engagement möglich, warum und wie machen solche Frauen so etwas? – Mich interessierten die Frauen des Organisationskomitees. Schon während des Frühstücks wurde mir klar, daß ich da weiterhin gerne teilnehmen werde. Etwas Mühe hatte ich mit dem Erlebnisbericht. Ich hatte noch nie erlebt, wie eine Frau so offen aus ihrem Leben erzählte. Das war so neu für mich, daß ich mich zuerst daran gewöhnen mußte. – Nach dem Vortrag blieb noch genügend Zeit, um das Gehörte miteinander zu diskutieren. An meinem Tisch saß eine Tischverantwortliche, und sie machte mir Mut, den Kurs über Glaubensfragen zu besuchen, als sie mein Interesse spürte. Ich war noch etwas unsicher, weil ich negative Erfahrungen mit der Kirche gemacht hatte. Ich wollte ganz sicher sein, daß diese Gesprächsrunden über fünf Abende mir auch wirklich etwas bringen würden. Die Tischverantwortliche ermutigte mich, einfach einmal zu kommen. So habe ich mich dazu angemeldet.

Wie kamen Sie überhaupt dazu, sich für Glaubensfragen zu interessieren?
Rückblickend gesehen war es ein langer Weg. Heute kann ich sagen, daß ich anscheinend schon vor längerer Zeit nach dem Glauben zu suchen begann, nur war mir dies nicht bewußt. Obwohl ich eine zufriedene Hausfrau und Mutter bin, fehlte mir doch irgend etwas. Der Wunsch, anderen Menschen, vor allem auch meiner Familie, mehr geben zu können, wurde immer stärker.

Irgendwie war ich auf der Suche nach etwas, von dem ich selber nicht wußte, was es war. In einem Gespräch mit der Frau, die mich zum Frühstücks-Treffen einlud, sagte sie: »Ich glaube, du suchst Jesus Christus.« Wie recht sie hatte, wurde mir an diesen Gesprächsabenden bewußt.

Was haben Ihnen die Gespräche gebracht?
Sie vertieften mein Suchen. Die Frühstücks-Treffen, die Referate, die haben mir viel gegeben, aber auch viele Fragen offengelassen, und ich wollte das vertiefen. Jetzt war der Stein ins Rollen gekommen, ich *wollte* mehr wissen, ich wollte die Bibel kennenlernen, und genau das wurde mir an diesen Gesprächsabenden ermöglicht. Das Frühstücks-Treffen erleichterte es mir, wieder den Kontakt zur Kirche zu finden, und ich besuche auch regelmäßig einen Kreis unserer Kirchengemeinde, um mit Christen zusammenzukommen.

Was für ein Gefühl hatten Sie damals, als Sie sich zum ersten Mal auf den Weg in diesen Gesprächskreis machten?
Ich hatte spontan noch eine Freundin dazu eingeladen. Deshalb hatte ich eigentlich keine Angst. Es war dann auch eine sehr freundliche Atmosphäre, und ich hatte nie ein komisches Gefühl. Wir waren eine kleinere Gruppe von 10–15 Personen. Es hat mich mehr Überwindung gekostet, meine Adresse auf die Kommentarkarte zu schreiben und mich für den Glaubenskurs anzumelden.

Sie haben erwähnt, daß an den Frühstücks-Treffen viele Fragen offengeblieben sind. Hätte mehr vom Glauben gesprochen werden sollen?
Heute als Christ würde ich gern mehr hören, aber ich sehe die Frühstücks-Treffen ganz klar für suchende Frauen und nicht solche, die schon gläubig sind. Wäre ich bei meinem ersten Frühstücks-Treffen vom Glauben überschüttet worden, hätte ich mich sicher nicht angesprochen gefühlt. Im Gegenteil! Als gewissermaßen roten Faden habe ich schon gespürt, daß es um den Glauben an Christus geht, aber es war real, nicht mystisch oder »rosarot«, sondern

ganz aus dem Leben gegriffen. So erhielt ich auf ganz feine Art den Zugang zur Bedeutung des Glaubens für unseren Alltag.

Wie würden Sie einer Frau das Treffen beschreiben, die skeptisch ist?

Das habe ich schon öfter gemacht, weil ich inzwischen schon einige meiner Bekannten zu den Treffen mitgenommen habe. Ich erzähle ihnen, was mir das Frühstücks-Treffen gebracht hat. Es war der Grundstein, mein Leben zu verändern. Ich lade sie ein und sage: Kommt und hört, es wird ein schöner Morgen werden! Die meisten sind beeindruckt, weil die Referate immer praktisch und lebensnah sind. An irgendeinem Punkt fühlen sie sich immer angesprochen, und ich glaube, daß sie jeweils viel mit nach Hause nehmen. – Ich habe auch schon die Tonbandkassetten weitergegeben.

Was haben die Frühstücks-Treffen bei Ihnen ausgelöst?

Wissen Sie, damals, schon beim allerersten Frühstücks-Treffen habe ich tatsächlich etwas mitbekommen, was ich weder an einem Theaterabend noch durch eine Einladung bei Freunden erhalten habe, obwohl das einem auch viel geben kann. Und etwas in mir faßte Fuß, das völlig neu war. Die Art und Weise des Frühstücks-Treffens war für mich genau richtig. Religiöse Fragen werden zwar angeschnitten, sind aber nicht so dominierend, daß man fast Angst kriegen müßte, hier gehöre man nicht hin. Ich erinnere mich, daß ich bereits nach dem ersten Frühstücks-Treffen ein wenig verändert nach Hause kam. Mein Mann begrüßte mich jedenfalls mit den Worten: »Du siehst ja ganz fröhlich aus – das war sicher ein schöner Morgen! War es gut?« Allem Anschein nach spürte er, daß ich schon etwas »aufgetankt« hatte. Überhaupt ist er ganz positiv zu meinem neuen Engagement eingestellt. Er findet die Treffen gut und hat auch schon in unserem Freundeskreis andere Frauen ermuntert, doch einmal mitzugehen. Die Haltung meines Mannes ist nicht selbstverständlich, dessen bin ich mir bewußt, und ich bin sehr dankbar dafür.

Gibt es auch schon erste Veränderungen in Ihrem Leben?
Zuerst einmal habe ich meine innere Ruhe gefunden. Früher ängstigte ich mich oft unnötig, machte mir viele Sorgen und wollte eigentlich für alles selbst die Verantwortung tragen. Ich war belastet – überlastet – und fühlte mich nicht stark genug, alles zu tragen. Im Bereich der Sorgen ist es mir jetzt durch den Glauben gelungen, »loszulassen«.

Wissen Sie, erst wenn man den Schritt zum Glauben gewagt hat, wird einem bewußt, wie leer man vorher war.

Danke, Frau Raaflaub, für das Gespräch.

Frau Saurer, wie haben Sie das Frühstücks-Treffen erlebt?

Ich fand die Atmosphäre ansprechend. Vor allem der Vortrag von Prof. Dr. Seiß hat mich sehr zum Nachdenken angeregt und beeindruckt.

Weshalb gingen Sie gerade zu einem christlichen Frauentreffen?
Ich bin in einem christlichen Elternhaus aufgewachsen, habe mich dann aber von jeglichem Christsein distanziert. Ich wollte alleine mein Leben bestimmen, was auch meine Lebensphilosophie wurde. Mit den Jahren wurde mir aber immer stärker bewußt – gerade durch die dringenden Umweltprobleme –, daß es auf die Dauer nicht so weitergehen kann, auch mit mir persönlich nicht. So begann ich mich wieder für Gott zu interessieren. Ein Auslöser dafür war der Film »Am Tage danach« (The Day After). Mir wurde bewußt, daß wir in einer schrecklichen Zeit leben, daß wir unsere Erde kaputtmachen. Ich hatte Angst vor der Zukunft. In dieser Zeit des Fragens wurde ich zum Frühstücks-Treffen eingeladen, und eigentlich mehr aus Neugierde als aus innerem Bedürfnis ging ich hin.

Haben Sie generell Interesse an Frauentreffen?
Ja, ich habe viele feministische Bücher gelesen. Was Frauen zur Emanzipation beitragen, interessierte mich immer. Deshalb fand ich es gut, daß dieses Treffen wirklich nur »von Frauen für Frauen« gemacht wurde.

Blieb es bei dem einen Besuch des Treffens?
Nein, ich bin wieder hingegangen, obwohl es für mich als Krankenpflegerin manchmal von den Dienstzeiten her schwierig ist, freizubekommen. Nach meinem zweiten Frühstück habe ich mich auf der Kommentarkarte für den Gesprächskreis über Glaubensfragen eingetragen. Einige Zeit später fand dann so ein Kurs statt, und als mich eine Frau telefonisch fragte, ob ich noch Interesse hätte, sagte ich spontan zu.

Können Sie etwas über diesen Kreis erzählen?
Am ersten Abend erhielten wir Bilder, zu denen wir etwas sagen sollten. Ich suchte mir einen Mann aus, mit einem zufriedenen Gesichtsausdruck. Er stand hinter einem Kiosk. Die Zeitschriften des Kiosks stellten für mich die

heutige Zeit dar – und die machte mir Angst. Ich war froh, über diese Gefühle und meine Fragen reden zu können.

An den folgenden Abenden wurde mir immer klarer, daß ein Gott-loses Leben falsch ist, daß wir losgelöst von ihm wirklich verloren sind. Die graphischen Darstellungen in dem kleinen Büchlein »Gott persönlich kennenlernen« haben mir sehr geholfen zu erkennen, daß Christus außerhalb meines Lebens war und mein ICH, mein EGO im Mittelpunkt stand. Mir wurde bewußt, daß ich mich für Jesus Christus entscheiden sollte, aber ich wollte es nicht vor diesen Frauen tun.

Ganz mutig habe ich die Leiterin des Gesprächskreises angerufen und sie um ein Treffen gebeten. Sie war sofort dazu bereit. Allerdings lagen noch einige Tage dazwischen, bis ich sie besuchen konnte – und es waren schlimme Tage! Gedanken wie: »Was wird mein Chef dazu sagen?« oder »Meine Freundinnen – werden sie denken, daß ich einen religiösen Fimmel habe?« Auch einige andere Konsequenzen würde es haben... Gleichzeitig erkannte ich aber auch meine Haltlosigkeit, meine eigene Fehlerhaftigkeit. Schließlich war ich richtig froh, mich mit dieser Frau treffen und mich aussprechen zu können. Sie hat mir nochmals kurz aufgezeigt, was eine Entscheidung für Christus bedeutet. Und dann habe ich einfach gebetet, so ungefähr: *»Herr Jesus Christus, ich habe mein Leben selbst bestimmt und nicht nach dir gefragt. Ich habe Angst in dieser Welt, vor anderen Menschen, und sehe auch ein, daß ich vieles falsch gemacht habe. Vergib mir meine Schuld. Danke, daß du auch für meine Verfehlungen gestorben bist. Komm bitte jetzt in mein Leben. Übernimm du die Führung und verändere mich so, wie du mich haben willst. Danke, daß du jetzt mein Gebet beantwortet hast und in mein Leben gekommen bist.«*

Hat diese Entscheidung etwas in Ihnen ausgelöst?
Ich war einfach froh. Es war mir bewußt, daß etwas Neues

angefangen hat. Nun habe ich auch Anschluß an einen schon bestehenden Bibel-Gesprächskreis gefunden.

Welches waren Ihre Gedanken und Gefühle, als Sie sich auf den Weg in diesen Gesprächskreis wagten?
Ich war schon sehr skeptisch. Fragen wie: Sind das alles alte Frauen, bringt das ganze überhaupt was? bestürmten mich. Aber ich war überrascht. Da saßen junge, moderne Frauen, auch einige ältere waren dabei. Und ich fühlte mich rasch wohl. Jede Frau kam zu Wort, und die unterschiedlichsten – auch kritischen – Fragen durften gestellt werden! Ich weiß noch, wie ich am ersten Abend sagte: »Seid ihr eigentlich alle bekehrt? – Ich bin es auf jeden Fall nicht!«

Wie würden Sie eine sehr skeptische Frau ermutigen, einen Gesprächskreis über Glaubensfragen zu besuchen?
Man braucht keine Angst zu haben, es lohnt sich, einfach einmal hinzugehen. Die Abende werden ja so gestaltet, daß nicht jemand einen Vortrag hält und von vornherein gesagt wird »so und so ist es«. Gespräche stehen im Mittelpunkt.

Hat sich konkret etwas in Ihrem Leben geändert?
Ja. Ich hatte wirklich Angst vor der Zukunft. Diese Angst habe ich ablegen können, weil ich jetzt weiß, daß es für uns Christen eine Zukunft gibt, die nicht mit dem Tod aufhört. Etwas anderes hat sich auch verändert – ich habe neue Freunde gefunden, ich habe Christen kennengelernt und darf mit diesen jetzt weiter lernen, im Glauben neue Schritte zu gehen.

Mir ist noch etwas wichtig geworden, wenn ich das noch sagen darf: Während meiner Pubertät kam ich mit Drogen und Alkohol in Berührung. Sicher verdanke ich es den Gebeten meiner Eltern, daß ich nicht ganz »vergammelt« bin. Ich schaffte trotzdem noch eine Ausbildung als Krankenpflegerin. Heute weiß ich, daß Gott mich in all den Jahren nicht losgelassen hat, obwohl ich mich von ihm gelöst hatte. Seit ich jetzt Christ bin, kenne ich eine neue Ruhe und Geborgenheit. Ich möchte allen – gerade auch jungen Mädchen – sagen, daß wir als Menschen nicht unsere Hilfe in Drogen oder Alkohol, in Arbeit oder Unterhaltung suchen müssen, sondern wirklich bei Gott.

Danke für das Gespräch.

Ich heiße Karoline Caracciolo, bin verheiratet, Hausfrau und Mutter von zwei Söhnen im Alter von 7 und 13 Jahren. Ich hatte eine sehr schwere Jugend. Meine Mutter verließ mich, als ich zwei Monate alt war. Meine Großmutter nahm mich und meinen zweijährigen Bruder auf, aber bereits nach drei Jahren wurden wir in ein Kinderheim gebracht. Mir fehlte die Geborgenheit einer gesunden Familie, ich kam mir ausgestoßen vor. Als ich 6 Jahre alt war, heiratete mein Vater wieder und nahm uns zu sich.

Die nächsten zehn Jahre meines Lebens in wiederum einer neuen, leider unglücklichen Familiensituation brachten mir viele innere Verletzungen, ja Lebenswunden. Auch mein Vater war völlig überfordert und flüchtete in den Alkohol. Als ich 17 Jahre alt war, nahm er sich das Leben.

Ich hatte aber schon mit 16 Jahren mein »Elternhaus« verlassen und mußte lernen, auf eigenen Füßen zu stehen und mit allen Problemen selbst fertig zu werden. Es fiel mir nicht leicht!

Was den Glauben betrifft, hatte ich früher in der Schule von Jesus Christus gehört und war gerne bereit gewesen zu glauben, daß jemand über meinem Leben wachte. Als fast erwachsene Frau nun begann ich unbewußt diesen Jesus zu suchen, da ich mich nach echter Liebe und Geborgenheit sehnte.

Zur etwa selben Zeit lernte ich Giuseppe kennen. Weil er Ausländer ist (ich bin Schweizerin), wurden uns viel Steine in den Weg gelegt. Aber wir heirateten trotzdem. Noch heute müssen wir leider von einigen Menschen richtige Diskriminierung spüren, nur weil er Italiener ist. Meine Suche nach Lebenssinn aber ging weiter. Verschiedene Glaubensrichtungen habe ich »ausprobiert«, die Zeugen Jehovas, die Neuapostolischen. Obwohl ich eigentlich mit der eigenen Familie, als Mutter und Ehefrau glücklich sein sollte, waren meine inneren Wunden immer noch da. Nirgends fand ich Ruhe – im Gegenteil – ich fühlte mich immer mehr und mehr unter Druck gesetzt.

Auf meiner Suche kreuzte sich mein Weg mit Frauen, die als aktive Christen leben. Bei ihnen verspürte ich zum ersten Mal etwas, das mich überzeugte. Ich empfand Angenommensein und Liebe – genau das, wonach ich mich zutiefst immer sehnte. Eine dieser Frauen lud mich zum Frühstücks-Treffen in Biel ein.

Ich fühlte mich sehr wohl in dem schönen Kongreßhaus! Der ganze Rahmen, der Vortrag sprachen mich an. Zögernd trug ich mich auf der Kommentarkarte für den fünfteiligen Bibel-Gesprächskreis ein.

Während dieses Kurses lernte ich zum ersten Mal die Bibel richtig kennen. Ich wurde mir bewußt, daß nicht nur andere Menschen mir Schaden zugefügt hatten, sondern daß ich selbst auch in vielem schuldig geworden war. Ich spürte aber auch die große Liebe Jesu, der sich für mich hingegeben hat und mir seine Vergebung als ein Geschenk anbietet. Eine große Last fiel von mir ab, und Frieden und Liebe begannen mich zu erfüllen. Meine inneren Wunden fanden langsam Heilung, vielleicht gerade deshalb, weil ich jetzt allen von Herzen vergeben konnte, die mich in meiner Kindheit und Jugendzeit verletzt hatten. Jesus hat aus mir einen neuen Menschen gemacht, und als eine direkte Auswirkung davon sind auch in meiner Familie Ruhe und Frieden eingekehrt. Nicht, daß alle Probleme gelöst wären und es keine neuen mehr gäbe, aber durch Christus habe ich den kennengelernt, der meinem Leben Sinn und Inhalt gibt.

Ein persönlicher Brief

Liebe Barbara,

Wie Du sicher gleich bemerkt hast, ist dieser Brief ziemlich dünn und enthält keine Seiten mit Text, den Du allenfalls für Dein Buch brauchen könntest. Ich hätte Dir schon am Telefon richtig sagen sollen, daß es mir (so meine ich wenigstens) nicht am Mut fehlt zu sagen, was ich glaube und denke. Wenn ich etwas zu sagen habe, äußere ich mich eigentlich ganz gerne und finde meistens auch die Worte dazu. Wenn ich nun für Dein Buch ein paar Zeilen über mich schreiben sollte, so müßten diese für irgendwelche Leser interessant sein und über eine Veränderung in meinem Leben berichten.

Vor etwa drei Jahren habe ich anläßlich des Referates am zweiten Frühstücks-Treffen in Zürich zum ersten Mal vom Unterschied zwischen Christen und gläubigen Christen gehört. Ein paar Monate später hielt ich im stillen Kämmerlein Zwiesprache mit Gott, denn ich wollte auch zu den gläubigen Christen gehören. Seither ist das Gebet für mich wichtiger geworden als früher. Sonst aber muß ich zu meiner Schande gestehen, daß sich in meinem Leben nicht viel geändert hat. Ich lese immer noch nicht jeden Tag in der Bibel, obwohl ich jetzt zwei Stunden pro Woche in einem Bibelkreis mitmache (Werni übrigens auch – in einem anderen). Oft habe ich ein schlechtes Gewissen, denke, daß ich undankbar bin, mich ablenken lasse vom schönen und sorgenlosen Leben, das meine Familie und ich seit Jahren leben dürfen. Vielleicht für ein Buch, das Du, liebe Barbara, in fünf Jahren schreibst, kann ich Dir dann berichten, daß sich bei mir vieles geändert hat, daß ich voll

Zuversicht bin, wenn ich an die Zukunft und vor allem an den Tod denke, daß ich eine bessere Mutter geworden bin, daß ich gelernt habe, meinem Mann dienend und nicht fordernd zur Seite zu stehen, daß ich die Menschen um mich herum akzeptiere und liebe wie sie sind und nicht immer Erwartungen an sie habe.

Ich hoffe, daß Du mir verzeihst und mich deswegen nicht ganz von Deiner Adressenliste streichst.

Mit lieben Grüßen aus Paris – Deine Elisabeth

Scheiden tut weh...

Barbara, du mußt ans Telefon.« Mein Vater, der uns beim Umzug hilft, ruft mich in unsere Wohnung hinauf, die schon fast leersteht.

»Ich möchte gerne wissen, wann das nächste Frühstücks-Treffen in Zürich stattfindet, ich habe einen Bericht darüber in der ›Schweizer Familie‹ gelesen«, meldet sich eine Frauenstimme. Ich gebe ihr die Nummer, bei der sie eine Einladung beziehen kann. Kurz darauf wird unser Telefon abgeschaltet – es war der letzte Anruf in der Schweiz.

Ursula, eine Freundin aus der Frauengesprächsgruppe, bringt später noch Proviant vorbei; Jacqueline verabschiedet sich mit vielen Umarmungen von unserer Rebekka – sie waren seit vier Jahren die engsten Freundinnen. Mein Vater und Sandra, unsere Älteste, sind mit dem Umzugswagen bereits vorausgefahren. Und nun sind auch wir unterwegs...

Wir lassen Zürich hinter uns. Längere Zeit ist es still im Auto, doch plötzlich kullern mir die Tränen, die ich den ganzen Morgen über zurückhalten konnte, die Wangen hinunter.

Erst letzte Nacht um 3.00 Uhr hatte ich zu ahnen begonnen, was es bedeuten könnte, 400 Kilometer nordwärts in eine Stadt zu ziehen, in der man keinen Menschen kennt. Mit dem Schlaf war es vorbei, unruhig wälzte ich mich hin und her, Angst und Unbehagen über die Zukunft stiegen in mir hoch. Ben erging es nicht viel besser, und so kroch ich bald darauf unter seine Decke im Nebenzimmer, wir schliefen ja nur noch auf Matratzen am Boden.

Das Abschiednehmen von all den lieben Freunden war bis zu diesem Zeitpunkt noch ganz angenehm gewesen, denn viele hatten die Wertschätzung unserer Freundschaft erst beim Adieu-Sagen ausgedrückt. Das tat so gut! Aber jetzt wurde es ernst...

Ben schaut mich verstohlen von der Seite an und drückt stumm meine Hand. »Geht es dir nicht gut?« fragt er leise. Ich kann nur den Kopf schütteln. Die beiden Kleinen sollen nicht merken, daß mir der Abschied doch schwerer fällt, als ich zunächst zugeben wollte. Der Gedanke an unsere amerikanischen Freunde, die mit ihren Familien nach Europa gezogen sind, tröstet mich ein wenig. Innerlich schelte ich mich für mein »Getue«. Diese Leute konnten ja meistens kein Wort Deutsch, für sie bedeutete es eine gänzlich neue Kultur – und all diese Schwierigkeiten würden wir doch nicht haben!

Bis zur Grenze in Basel habe ich mich schon wieder einigermaßen erholt. Gespannt suchen wir unter den vielen Lastzügen, ob unser Möbelwagen wohl immer noch am Zoll steht.

»Dort ist er ja! Das ist kein gutes Zeichen. Ich geh' jetzt am besten rüber zum Zoll und schaue, ob ich helfen kann.« Weg ist Ben. Es wird unsere erste Begegnung mit der deutschen Bürokratie. Der Zollbeamte will Annelies, unsere Sekretärin, samt ihren Möbeln nicht nach Deutschland einreisen lassen, weil ihr Name nicht im Mietvertrag vermerkt sei... Natürlich, sie will ja dann an Ort und Stelle eine Wohnung suchen und so lange bei uns unterkommen. Nach mehr als zwei Stunden Argumentieren und Reden lassen die Beamten unsere Möbel – ohne auch nur einen einzigen Blick in den Lastwagen zu werfen – passieren!

Mit jedem Kilometer nach Norden lassen wir auch unsere Jahre in der Schweiz zurück. Fast 13 Jahre sind wir verheiratet, haben drei Kinder, freudige und ernste Lebenslektionen gelernt und eine Arbeit tun dürfen, die Menschenleben veränderte – uns selbst und andere!

Aber wer hätte gedacht, daß wir einmal nach Deutschland ziehen würden? Die Reaktionen auf unsere Ankündigung waren unterschiedlich gewesen, meistens ungefähr so, wie es kürzlich ein Schweizer Journalist *(Tages-Anzeiger, Walter Schenker)* in einem Artikel »Die Angst der Deutschschweizer vor den Deutschen« beschrieben hatte:

»Als Schweizer, der ich seit Jahren in Deutschland lebe, bekomme ich des öfteren, sobald sich, etwa aufgrund meines Akzents, herausstellt, daß ich Schweizer bin, von Deutschen zu hören: ›Ah, Sie kommen aus der schönen Schweiz? Oder auch: Wir waren letzten Sommer in Interlaken – war wunderschön!‹ Ich wehre mich dann und sage, daß es auch in Deutschland schön sei. Auf der anderen Seite hingegen, wenn ich unter Schweizern bin und die Rede auf meinen Wohnort in Deutschland kommt, ist die Reaktion am ehesten mit dem Wort Mitleid umschrieben. Nie jedenfalls in all den Jahren habe ich Sätze gehört von der Art: In Deutschland, da möchte ich auch leben!«

Wir haben es bei einigen Abschieds-Parties vorgelesen, weil es so genau zutraf...

»Mami, ich habe Bauchweh«, reißt Rebekka mich aus meinen Gedanken. »Dann trink doch etwas!« – »Nein, ich habe keinen Durst.« Bauchweh wird sie in Zukunft immer dann haben, wenn sie Heimweh nach ihrer Freundin verspürt. Zum Glück kann ich das als Mutter ja bald völlig logisch-psychologisch einordnen mit dem Befehl: »Du mußt halt deine Hose öffnen, die ist dir wohl zu eng.« Kurze Zeit später sitzt ein kleines Mädchen nur noch in den Unterhosen im Auto...

Nun sind wir also eingezogen. Sandra stöbert in unseren alten Platten herum und hat auch bald eine gefunden, auf der sie sich ein Lied immer wieder anhört, bis es der ganzen Familie nachläuft. »Mami, kannst du mir übersetzen, was dieser Mann singt?« bittet sie. »No, I don't believe in ›if‹ anymore, ›if‹ is for children, ›if‹ is for children having daydreams...« singt Roger Whittaker. »Weißt du, das bedeutet, daß das Wörtchen ›wenn‹ eigentlich nur für Kinder gilt, die noch träumen dürfen. Auf deutsch gibt es einen ähnlichen Spruch: ›Wenn das Wörtchen wenn nicht wär, dann wär ich längst ein Millionär!‹« – »Aber dürfen denn nur Kinder träumen und an das ›wenn‹ denken?«

Ich versuche ihr zu erklären, daß wir Menschen oft dazu neigen, in Gedanken in der Vergangenheit oder Zukunft zu leben, nur um der Gegenwart zu entfliehen, wenn diese vielleicht schwierig ist und uns nicht paßt.

Auch ich ertappe mich in diesen Tagen dabei. Im Moment komme ich mir vor wie auf einer einsamen Südseeinsel, fernab von aller Aktivität...

»Hektik«! hatte unser Lebensstil in den letzten Wochen vor dem Umzug geheißen! Mindestens einmal wöchentlich war ich auf Achse, um ein Seminar für offene Frauengesprächsgruppen zu halten, einen Informationsabend und zusammen mit Ben das »Seminar für Ehepaare« durchzuführen. In der Osterwoche waren wir noch beide zu Interviews beim Fernsehen – Ben zu christlicher Pop-Musik, ich zu »Frau und Religion« – und am Osterdienstag um 6.00 Uhr stand der Möbelwagen vor dem Haus.

Langsam beginne ich mir einzugestehen, daß Abschiednehmen immer mit Loslassen und ein bißchen auch mit Sterben zu tun hat! Dieses Sterben erfaßt mich als ganzen Menschen, nicht nur meinen Kopf! Und da darf ich auch mal weinen...

Abschied vom Trägerkreis

»So schön stelle ich mir mein Hochzeitsessen vor!« lachte Annelies spontan, als sie den gedeckten Tisch zu unserem Abschied sah. Natürlich nichtsahnend, daß nur etwas mehr als ein Jahr vergehen würde, bis tatsächlich **ihr** Hochzeitstisch gedeckt war!

Ja, unsere lieben Freundinnen aus dem Züricher Trägerkreis hatten sich selbst übertroffen: Mit einem Fondue Chinoise wollten sie uns den Abschied erleichtern. Jede einzelne Frau hatte zum Abschied etwas beigesteuert! An einem Kranz aus Rebenholz hingen lauter kleine Geschenke, jedes mit einem Gedicht, einem Zuspruch oder einem Bibelvers versehen. Annelies und ich waren überwältigt, und es war schwierig, die Tränen zurückzuhalten.

Turbulente eineinhalb Jahre hatten uns zusammengeschweißt, Freundschaften waren entstanden, gemeinsame Freuden und Leiden geteilt.

Und nun war der Zeitpunkt der Ablösung da. Bereits nach dem vierten Frühstücks-Treffen stand fest, daß wir umziehen mußten. Gerade Zeit genug für die Mitarbeiterinnen, den Schock zu verkraften und sich darauf einzustellen, die Arbeit alleine zu tun.

Ich erinnere mich noch gut an die Abschiedsworte, die Marianne uns mitgab:

»Als ich darüber nachdachte, was ich dir und Annelies zum Abschied sagen könnte, kam mir immer wieder Psalm 126 in den Sinn. Eigentlich fand ich beim ersten Durchlesen, daß er zum Abschied gar nicht so paßt, obwohl er einiges widerspiegelt von dem, was wir gemeinsam erlebt haben. Da steht:

›Da war unser Mund voll Lachen und unsere Zunge voll Jubel. Da sagte man unter den Völkern: Der Herr hat Großes an ihnen getan. Ja, Großes hat der Herr an uns getan. Da waren wir fröhlich.

Die mit Tränen säen, werden mit Jubel ernten. Sie gehen hin unter Tränen und tragen den Samen zur Aussaat. Sie kommen wieder mit Jubel und bringen ihre Garben ein.‹

Wir haben miteinander ja beides erlebt: Jubel und Tränen, Schatten und Licht. – Und jetzt müßt ihr weiterziehen, ein neues Feld beackern. Sicher wird es nicht einfach sein, vielleicht gibt es Tränen, vielleicht ist der Anfang schwer.

Wenn wir manchmal unter den Mühen des ›Säens‹

stöhnen, so dürfen wir doch wissen, daß auch eine Erntezeit kommen wird, und Ernte wird Freude bringen. Ich wünsche euch von ganzem Herzen, daß ihr das nie vergeßt!«

Marianne hatte nicht geahnt, daß Gott ihr in seiner weisen Voraussicht genau die richtigen Verse für mich gezeigt hatte. Noch nie in meinem ganzen Leben habe ich so oft geweint wie in diesem ersten Jahr in Deutschland. Normalerweise bin ich keine Heulsuse, aber Tränen schienen das einzige Ventil für mich zu sein, um mit der ganzen Umstellung fertig zu werden.

Abseits

Ja, die »Mühen« ließen nicht lange auf sich warten. Aller Anfang ist tatsächlich schwer! Ich war frustriert, haderte mit Gott, von dem ich mich ins Abseits gestellt fühlte, der mich in dieses Dorf »gesteckt« hatte!

Schon ab und zu hatten mir Frauen von »Identitätskrisen« erzählt, ich wußte aber nie so genau, was damit gemeint sein könnte. Identität, sagt der Duden kühl, ist Wesenseinheit, völlige Gleichheit. Nun, meine Wesenseinheit schien durcheinander – und eben das ist wohl Krise. Natürlich hatte ich – wie sicher alle Frauen, die keine »Übermenschen« sind – auch immer meine schlechten Tage gehabt, und habe sie immer noch, an denen man das Gefühl hat, nichts zu sein und nichts zu können. Aber ansonsten fühlte ich mich als einigermaßen stabiler Mensch. Nun aber erlebte ich eine Krise am eigenen Leib. Was war ich? Wer war ich? Frau Jakob – ohne Frauengesprächsgruppe – ohne Frühstücks-Treffen – ohne Seminare und vor allem – ohne Freundinnen! War ich zufrieden »nur« Ehefrau, Hausfrau und Mutter zu sein? War ich als Mensch wert genug, nur als Mensch, ohne irgend etwas außerhalb des Hauses zu leisten?

Die Erschütterung ging tief. Kurz nach unserem Umzug erlebte die Arbeit der Frühstücks-Treffen, das Team in Zürich, eine interne größere Krise. Und ich saß in Deutschland fest und konnte, durfte nicht helfen! Ein Freund aus der Schweiz meinte während dieser Zeit einmal am Telefon: »Es muß für dich nicht einfach sein, dein Kind in der Intensivstation zu wissen und es nicht besuchen zu dürfen!« Es war nicht einfach! Und eines nach dem anderen schien mich am »Lebensnerv« zu treffen.

Die Schulumstellung der Kinder – Rebekka weigerte sich nach der ersten Woche, weiterhin zur Schule zu gehen, hängte sich weinend an mich – Micha sollte keinen Platz im Kindergarten kriegen, weil er nicht angemeldet war (als ob man das als Ausländer wissen könnte).

Der völlig unerwartete Tod eines guten Freundes aus unserem ehemaligen Gesprächskreis schließlich genügte, daß ich mitten im Sommer krank wurde. Eine heimtückische Virus-Bronchitis legte mich für Wochen lahm, teilweise sogar so, daß ich nicht einmal mehr den Haushalt erledigen konnte. Zum Glück hatten wir Annelies, der es nichts ausmachte, auch im Haus und nicht nur als Sekretärin zu arbeiten.

Diese Lebensschule war nicht einfach, aber gesund. Ich mußte lernen, daß ich für Gott genauso wichtig und wertvoll bin, ob ich jetzt viel für ihn und andere tue, oder ob ich krank und schwach im Bett liege. Und noch etwas lernte ich: Ob ich mich als kranke Frau gegen seine Wege auflehne oder als gesunde, spielt keine Rolle. Wichtig in allem ist nur meine Einstellung zu den Umständen.

Im Kopf wußte ich genau, daß der Umzug aus beruflichen Gründen meines Mannes notwendig war. Aber bis meine Gefühle das nachvollzogen hatten – das dauerte! Ben steckte mir während dieser Zeit einmal einen Zettel zu: »Gott ist nicht daran interessiert, unsere Umstände zu ändern, sondern unseren Charakter. Als Werkzeug, unseren Charakter zu ändern, benützt er die Umstände.« Richtig! Gott wollte mich wieder an die Grenze der eigenen Unfähigkeit führen, wo ich sagen mußte: »Herr, ich verstehe nicht, was mit mir geschieht, warum du mich ins Abseits stellst, aber ich will dir trotzdem vertrauen, ich will glauben, daß du keine Fehler machst.«

Bevor ich zu dieser Einsicht kam – und sie ist nicht leicht erkämpft worden und kommt manchmal wieder ins Wanken –, machte ich, wie sicher viele andere Menschen in schwierigen Situationen, unbewußt einige Stufen durch.

Die erste ist die des »Nicht-wahrhaben-Wollens«. Ich wollte doch nicht zugeben, daß ich in ganz persönlichen Schwierigkeiten steckte! Es sollte doch niemand meine Tränen sehen! Und überhaupt, wen würde es schon interessieren, daß es mir so schlecht ging? Wie »schön« unpersönlich ist doch die Welt! Wie großartig können wir lächeln, aber innen drin weinen wir! – Die in der Schweiz sollten doch nicht denken, daß ich Heimweh hätte! – Bin ich nicht undankbar? Wir haben doch eine schöne Wohnung, die Leute sind nett – was will ich eigentlich mehr?

Als nächste Stufe kommt der Kampf, die Aggression. Ich begann Deutschland mit der Schweiz zu vergleichen. Klar, wer besser abschnitt! (Daß in einem anderen Land alles nur *anders* und weder besser noch schlechter sei, hatten wir wohl einmal in einem »Cross-Cultural-Training« gelernt ... aber die Praxis!«)

Die deutschen Schulen! Dieses ganze System, in dem die Eltern das Schulmaterial der Kinder vom Bleistift bis hin zum Buch alles selbst kaufen, die Kinder alle Schulsachen im Ranzen jeden Tag hin- und herschleppen müssen, *jeden* Nachmittag frei haben! Und der Kindergarten ist nur eine nette »Aufbewahrungsstätte« ... Die Bürokratie habe ich noch gar nicht aufgeführt. War ich immer sauer, wenn ich wegen eines Ausweises zweimal in die Stadt fahren mußte, nur weil Papier Nr. 7 nicht dabei oder unvollständig ausgefüllt war! Vorher war mir gar nicht bewußt, daß ich gegen die »Obrigkeit« zu solch vehementen Gefühlen fähig bin ...

Stufe Nr. 3 ist dann Selbstmitleid bis hin zu Depression. Auch darin fand ich mich wieder; mir bisher eigentlich recht unbekannte »Tiefen« taten sich auf. Nur wer mich gut kannte, spürte etwas davon, doch alle meine Freundinnen wohnten ja Hunderte von Kilometern entfernt. Oft überfielen mich Gedanken wie: »Warum mußten wir überhaupt umziehen? Wir hatten es so schön, es wäre alles so viel einfacher gewesen in der Schweiz. – Wir vertragen das Klima ja doch nicht, darum sind wir immer krank. – Ich habe wirklich keine Kraft mehr, von vorne zu beginnen. Alle Leute haben ihre Freundeskreise, ich komme mir ganz blöd als ›Eindringling‹ vor. Es scheint ja sowieso niemand großes Interesse an uns zu haben. – Ich möchte am liebsten sterben... ich mag einfach nicht mehr!«

Und für eine recht lange Zeit habe ich mich »verkrochen«, mochte gar nicht mehr aus dem Haus gehen, mied den sonst schon spärlichen Kontakt mit Menschen.

Zu guter Letzt folgt dann aber die Möglichkeit des Akzeptierens, des Loslassens. Wie oft muß Gott uns kämpfen lassen, bevor wir bereit sind, aufzugeben? Während meiner Krankheit habe ich gelernt, zu meinen Gefühlen zu stehen, zuzugeben, daß es wehtut, wenn man eine gutgehende Arbeit zurücklassen und wieder neu anfangen muß.

Wie oft schaden wir uns doch selbst, wenn wir unterdrücken anstatt zu verarbeiten! Natürlich war mir Ben in dieser Zeit eine große Hilfe, aber gerade die Gespräche mit meinen Freundinnen habe ich besonders vermißt. Auf den schönen Zürichsee, die Aussicht auf die Berge, auf all das kann man verzichten. Was einem als unschätzbarer Wert erst dann bewußt wird, wenn man ihn nicht mehr hat, sind Freundschaften, sind Menschen, bei denen man genau so sein kann, wie man ist, wie man sich fühlt. Und solche Menschen wieder zu finden, braucht schmerzlich viel Zeit.

Die folgende Geschichte drückt treffend meine damalige Situation aus:

Ein Weißer und ein Afrikaner sind gemeinsam unterwegs. Plötzlich setzt sich der Afrikaner an den Wegrand. »Du kannst dich doch nicht einfach hinsetzen, wir müssen weiter«, protestiert der Weiße. »Nein, ich muß warten. Meine Seele ist noch nicht nachgekommen.«

Inzwischen fühlen wir uns alle hier in Deutschland »zu Hause«. Trotz anfänglicher Schwierigkeiten haben sich die Kinder schneller eingelebt als wir, haben ihre Freundinnen und Freunde gefunden. Das hilft mir über alle Frustrationen und Probleme hinweg, die immer wieder auftauchen. Ein einfaches Leben hat uns Gott als Christen nie versprochen, aber er hat gesagt, daß es ein erfülltes Leben sein wird.

Im letzten Herbst besuchte mich meine Freundin Steffy aus der Schweiz. Sie hat durch die allererste Frauengesprächsgruppe zum Glauben gefunden. Als wir zusammen auf der Terrasse saßen und ich Steffy von den Anlaufschwierigkeiten berichtete, meinte sie plötzlich: »Aber weißt du, Barbara, so lieb ich dich habe – und so sehr ich dich vermisse, ich denke, daß es gut für dich war, daß ihr umgezogen seid.« – »Warum meinst du, daß es gut war?« – »Du warst so etabliert, so sicher, du warst bekannt, hast viel geleistet – vielleicht wärst du stolz geworden.« Ich mußte schmunzeln, als Steffy das sagte. »Weißt du, daß ich schon einigen Freunden gesagt habe, daß ich vom Chef versetzt worden bin, bevor ich ein ›Königreich Frühstücks-Treffen‹ aufbauen konnte?«

Heute bin ich für diese »Versetzung« dankbar. Auch ich mußte lernen, daß niemand auf dieser Welt unersetzbar ist.

Frühstück in Deutschland

Als zweite Stadt nach Zürich wagten es Frauen aus Gießen, mit Frühstücks-Treffen anzufangen. Einige Monate nach unserem Umzug erhielt ich einen Brief aus Stuttgart, in dem eine Frau erzählte, wie sie in Zürich von den Treffen gehört hatte und diese nun gerne in Stuttgart durchführen wollte, die Vorbereitungen würden schon laufen – ob sie unser Signet einfach übernehmen dürfte? So begann auch in Deutschland das Interesse zu wachsen. Wiederum sollen einige wenige Berichte einen Blick hinter die Kulissen der verschiedenen Städte geben.

Gießen: Wir reisten in die Schweiz

Bericht von Lilli Bosch

»Ja, kann man denn bei uns hier in Deutschland nicht mehr vernünftig frühstücken? Fast an jeder Ecke gibt's frische Brötchen zu kaufen – und da müßt ihr mal so eben von Gießen nach Zürich fahren, um dort zu frühstücken?! Ich glaube, ihr seid verrückt!« So reagierte eine Bekannte, als sie von unserer »Frühstücks-Reise« erfuhr und sah uns schon mit so einer ausgefallenen Idee in die »Jet-Set«-Mentalität abdriften!

Sind Sie schon einmal 500 km weit mit dem Auto ins Ausland gefahren, um dort eine besondere Mahlzeit einzunehmen? Für den 13. November hatte der Züricher Trägerkreis uns zehn Frauen zum zweiten Frühstücks-Treffen eingeladen. Das überaus positive Echo auf die Einladung zum ersten Treffen hatte uns sowieso neugierig gemacht, und wir waren gespannt, einmal »live« dabeizusein. Als sich unsere »deutsche Delegation« dem Hotel näherte, schien die ganze Welt plötzlich nur noch aus Frauen zu bestehen ... Wie das aussieht, wenn 900 Frauen in einem großen Hotelsaal sitzen – und vor allem, wie sich das anhört! Schnell kam man während des Frühstücks mit den Tischnachbarinnen ins Gespräch. (Woher kommen Sie? Wie haben Sie von diesem Treffen erfahren?)

Schon während des Zuhörens bewegte uns der Gedanke, ob ein Frühstücks-Treffen auch für Gießen etwas wäre? Auf der Rückfahrt am Sonntag morgen tauschten wir unsere Eindrücke und Meinungen aus, ein lebhaftes Gespräch entstand. Eine ganze Liste mit *»aber«* erschien: Tolle Idee für Zürich – aber Gießen, Gießen ist Provinz!! Wir würden nie genügend Frauen einladen können! Und selbst wenn genügend kämen – wo könnte dann so ein Treffen stattfinden? Wollten wir überhaupt einen so großen Rahmen? So viele Frauen »auf einem Haufen« – wäre das nicht beängstigend und bedrohlich? Würden Kirchengemeinden so eine Veranstaltung als Konkurrenz empfinden?

Es war gut, daß alle Bedenken und Einwände ausgesprochen wurden, denn man soll die Kosten überschlagen, bevor man sich für eine Herausforderung entscheidet! Wir wollten unsere Eindrücke »sich einmal setzen lassen« ...

Im Januar 1984 faßten wir einstimmig den zaghaftmutigen Entschluß: »Bevor wir herausfinden können, ob so ein Frühstücks-Treffen hier bei uns ankommt, müssen wir es wenigstens einmal versuchen!« Am 5. Mai 1984 war dann Premiere der Frühstücks-Treffen für Deutschland in der Gießener Kongreßhalle. Trotz Frühjahrsferien kamen 170 Frauen – und es blieb nicht bei dieser einen Veranstaltung, seit drei Jahren werden regelmäßig Frühstücks-Treffen durchgeführt.

Wir freuen uns, daß Gießen Ausgangspunkt für viele Treffen an anderen Orten wurde, so wie es Zürich für uns war!

Gießener Anzeiger vor dem 22 Mai 86

500 Frauen treffen sich am Frühstückstisch

Erfolgreiche Treffs mit Referaten und Diskussionen

Kreis Gießen (mo). Am 7. Juni ist es wieder soweit: Rund 500 Frauen aus dem ganzen Kreisgebiet werden gemeinsam in der Gießener Kongreßhalle frühstücken. Selbstverständlich gehört dann ein Plausch mit der Tischnachbarin zu dem Programm des Vormittages. Doch knapp eine Stunde später werden all diese Hausfrauen, Mütter, Großmütter und Berufstätige interessiert und gespannt die Lieder und Beiträge von Uschi Sachse verfolgen. Denn an diesem Tag zwischen neun und 11.30 Uhr steht das Thema Alkoholismus im Mittelpunkt des „Frühstücks-Treffen für Frauen", das bereits seit zwei Jahren zu einer festen Einrichtung geworden ist.

Viermal im Jahr heißt es in der Kongreßhalle „Frühstücks-Treffen für Frauen". Und jedesmal geht es um ein Schwerpunktthema. 15 Frauen, die sich zu einem sogenannten Vorbereitungskreis zusammengeschlossen haben, haben das Treffen vor zwei Jahren, nachdem sie eine ähnliche Veranstaltung in Zürich besucht hatten, ins Leben gerufen. „Zu unserem ersten Frühstücks-Treffen kamen 170 Frauen", erklärte Lilli Bosch, eine der Initiatorinnen. Diese Frauen waren von dem ersten Thema Emanzipation und Selbstannahme und dem Verlauf der Veranstaltung so begeistert, daß sie es auch anderen Frauen weitererzählten. So hat sich mittlerweile die Besucherzahl auf rund 500 Frauen eingependelt.

Lilli Bosch aus Watzenborn-Steinberg, die die Organisation des Frühstückes und der Referenten übernommen hat, erklärte gestern im Gespräch mit dem GA, daß dieses Treffen ganz unverbindlich sei, keine politische Färbung dahinterstecke und auch keine Mitglieder geworben werden sollen. „Wir verstehen unsere Veranstaltungen vielmehr als überkonfessionelle Treffen über Glaubens- und Lebensfragen für Frauen", erläuterte Lilli Bosch. Daß jede Frau willkommen ist und die Veranstaltungen keinesfalls etwas mit Männerfeindlichkeit zu tun haben, hob die Mitinitiatorin ebenfalls hervor. Ziel sei es, Frauen praktische Hilfe für verschiedene Lebenslagen zu geben, aber auch den Frauen die Möglichkeit einzuräumen, Gedanken und Ideen auszutauschen, nachzudenken und über ihre eigenen Probleme zu sprechen.

So folgt nach einem Sachreferat in den meisten Fällen eine offene Diskussion. Gegen 11.30 Uhr ist dann der offizielle Teil beendet, und die Frauen haben hinreichend Gelegenheit, sich mit ihren Tischnachbarinnen zu unterhalten. Auf Kommentarkarten können die Teilnehmerinnen am Ende Fazit ziehen, sagen, ob es ihnen gefallen hat, was man besser machen könnte oder aber auch Themen für die nächsten Treffs vorschlagen. Auch an Frauen mit kleinen Kindern ist beim Frühstücks-Treff gedacht worden. In drei Gruppen werden während des ganzen Vormittages die Kleinen betreut.

Daß das Frauentreffen in Gießen bereits erste Erfolge verzeichnen kann, belegt Lilli Bosch damit, daß sich im Anschluß an die Veranstaltungen immer mehr Frauen an Frauenkreise im Landkreis anschließen. Und, darauf ist Lilli Bosch besonders stolz, nach dem Modell Gießen haben mittlerweile auch Frauen in Bonn, Düsseldorf, Essen und Stuttgart Frühstücks-Treffen gegründet.

Da sich herausgestellt hat, daß durchaus auch Männer Interesse an den Veranstaltungen zeigen, ist nun geplant, einmal im Jahr ein gemeinsames Treffen zu veranstalten.

Essen: Mich hat es als Referentin »gepackt« ...

Bericht von Brunhilde Blunk

Bitten, zu diesem oder jenem Thema ein Referat zu halten, flattern mir häufig ins Haus. Aber diesmal waren Absender und Organisation ganz fremd. Von einem Frühstücks-Treffen für Frauen hatte ich noch nie gehört. Weil aber die Anfrage so freundlich formuliert, das Thema verlockend und der gewünschte Termin noch frei waren, sagte ich zu.

Wenige Tage vor dem Treffen fragte ich eine Frau aus unserer Gemeinde, ob sie Lust hätte, mitzufahren. In Gießen angekommen, staunten wir über die Menge der Frauen aller Altersgruppen, die den großen Kongreßsaal füllten. Meine Begleiterin mischte sich ganz bewußt unter die Menge, um eigene Eindrücke zu sammeln. Auf der Heimfahrt tauschten wir uns miteinander aus: Da war die freundliche Begrüßung, die auch denen, die zum ersten Mal dabei waren, das Gefühl der Fremdheit nahm. Beim Frühstück gab es lebhafte Gespräche; dann der Kurzbericht einer Frau, die von ihrer persönlichen Erfahrung her Stellung zum Thema nahm. Gut ausgesuchte Musikbeiträge umrahmten das Referat. Rückfragen an mich als Referentin und Tischgespräche folgten. Die gute Organisation des ganzen imponierte uns.

Wir kamen also ganz erfüllt nach Hause zurück und überlegten, wie es denn nun bei uns beginnen könnte.

Zuerst wollten wir in unserem kleinen Frauengebetskreis berichten. Die Teilnehmer hörten zu, Begeisterung und Skepsis hielten sich die Waage. Ich solle auf die Suche nach anderen Mitarbeiterinnen in unserer Stadt gehen, so die Reaktion. Mutig schrieb ich ca. 50 Briefe, in denen ich die Idee des Frühstücks-Treffens vorstellte und um telefonische oder schriftliche Rückmeldung bat, ob man zur Mitarbeit bereit wäre. Manche antworteten gar nicht; manche zählten auf, wieviel sie ohnehin zu tun hätten; manche meinten, in unserer Stadt liefe so etwas aus verschiedenen Gründen bestimmt nicht. Ich war recht enttäuscht über dieses Echo!

Aber wir beteten weiter. Als wir hörten, daß die Mitarbeiterinnen in Haan Termin und Ort für ihr erstes Treffen inzwischen festgelegt hatten, gab ich ihnen eine Zusage als Referentin. Dort ging es voran – bei uns traten wir auf der Stelle. Dann bekam ich die Einladung zu einem vorbereitenden Mitarbeiterinnen-Treffen in eben dieser Stadt, bei dem die Initiatorin, Barbara Jakob, anwesend sein würde. Ich beschloß, einige Frauen dorthin mitzunehmen.

Und als wir an diesem Vormittag die Berichte hörten, wie die Frühstücks-Treffen in der Schweiz begonnen hatten, erwärmten sich auch die Herzen der Frauen, die eigentlich nur mir zuliebe mitgefahren waren. Unser Mut, auch bei uns anzufangen, nahm wieder zu. Wir waren noch ein kleiner Kreis, der Ort und Termin des ersten Treffens in Essen plante. Dann aber wuchs das Interesse, und zu unserem ersten Mitarbeitertreffen erschienen über 30 Frauen. Frau Jakob besuchte auch uns und beantwortete geduldig alle Fragen.

In den kommenden Monaten wurde viel gebetet und viel gearbeitet. Mut und Ängstlichkeit, Vertrauen und Kleinglaube, Dankbarkeit und Sorgen begleiteten unsere Vorbereitung.

Und dann war es soweit: Das erste Frühstücks-Treffen in unserer Stadt fand statt mit 280 Teilnehmerinnen. Gott beschenkte uns und unsere Gäste reichlich: der Saal war gefüllt, die Atmosphäre gut, das Referat zum Glauben einladend. – Grund genug zum Freuen und Danken! – Und zum Weitermachen!

Nun liegt schon das zweite Treffen hinter uns. Es war auch diesmal spannend! Zuerst zitterten wir, weil es so eisig kalt war. Würden die Frauen überhaupt kommen können? Dann stiegen die Temperaturen, aber unsere Anmeldezahlen blieben unten. 6 Tage vor dem Treffen schnellten sie in die Höhe – auf 360! Und unser Saal hatte nur 320 Plätze. Wir fragten nach einem größeren Saal im gleichen Haus und erfuhren, daß die Verwaltung uns irrtümlicherweise ohnehin einen Raum mit 420 Plätzen reserviert hatte. Wir dankten Gott für diesen »Irrtum«. Am Ende hatten wir 480 Anmeldungen und konnten sogar in einen noch größeren Saal umziehen. Ob wir vor den nächsten Treffen nicht mehr so zittern und uns mehr darauf verlassen, daß unser Vater weiß, was wir brauchen?

Bonn: Frühstücks-Treffen nicht nötig und nicht möglich...

Bericht von Ilse Lenhard

...Diese Bedenken wollten meine erste Begeisterung gleich auslöschen, als ich im Mai 1985 zum ersten Mal von den Frühstücks-Treffen hörte. Zu vielfältig erschienen mir die Angebote für Frauen in Bonn, sich in Politik, Kultur, Kunst, Sport, Gesellschaft und Kirche zu engagieren. Wer sollte da noch Interesse an Frühstücks-Treffen haben?

Frauen, die für eine Mitarbeit in Frage kamen, waren schon mit Aufgaben überlastet. Wer sollte da noch Zeit und Kraft für zusätzliche Arbeiten haben? In anderen Städten aber waren die Frühstücks-Treffen zu einem Ort geworden, an dem Frauen miteinander Antworten auf Lebens- und Glaubensfragen suchten – und dies haben Frauen in der Bundeshauptstadt auch nötig.

Für mich persönlich war klar, daß ich nur am Anfang mithelfen wollte, die Idee bekanntzumachen, um mich dann wieder ganz meinen bisherigen Aufgaben zuzuwenden. Wie erstaunt war ich, als ich feststellte, daß bereits mehrere Frauen aus verschiedenen Gemeinden unabhängig voneinander von den Frühstücks-Treffen gehört hatten. So fanden sich bei einem Vorbereitungstreffen im Januar 1986 zwanzig Frauen bereit, verschiedene Aufgaben zu übernehmen. Aber es fehlte noch die Koordinatorin. Als ich das Handbuch von Barbara Jakob durcharbeitete, empfand ich das Konzept der Frühstücks-Arbeit wie die Abbildung eines Mosaiks. Ich wurde bereit, mich wie ein Steinchen in das Bonner Mosaik einsetzen zu lassen.

Neben vielen ermutigenden Erfahrungen begann aber auch ein Lernprozeß für mich, aus dem ich mehrere Fluchtversuche unternahm. Aber sie scheiterten an der Zusage Gottes: »Laß dir an meiner Gnade genügen, denn meine Kraft ist in den Schwachen mächtig.« Im Verlauf einer schweren Erkrankung stellten sich immer häufiger Angstzustände ein. In einem Buch las ich dann einen Satz, der mich traf: »90 % aller Ängste haben ihren Ursprung im Groll«, und es wurde erklärt, wie man davon frei werden kann. Ich bat Gott, mir zu zeigen, ob und wo in meinem Leben Groll vorläge. – Viele Erinnerungen an Menschen, die mich verletzt hatten, stiegen in mir auf, Abneigungen gegen Menschen wurden mir bewußt. Für alles nahm ich die Vergebung durch Jesus Christus in Anspruch. Obwohl ich körperlich noch längere Zeit sehr schwach war – und es zeitweise noch bin –, sind die Ängste seit jener Stunde verschwunden. So konnte ich besonders einen Satz aus dem Vortrag von Dr. Köppel, der Referentin unseres ersten Treffens, bestätigen: »Jede Lebensphase hat ihre Chance, daß innere Heilung stattfinden kann.« Der Aufruf der Referentin am Schluß des Vortrages: »Ich möchte Ihnen Mut machen, die Bibel zur Hand zu nehmen und Gott kennenzulernen«, wurde von vielen Frauen auf den Kommentarkarten mit dem Wunsch beantwortet, an einer Gesprächsgruppe teilzunehmen.

Die positiven Reaktionen der 270 Teilnehmerinnen und die Einmütigkeit der Mitarbeiterinnen haben mir gezeigt, daß Frühstücks-Treffen für Frauen in Bonn notwendig und möglich sind!

Berliner Morgenpost 10. Febr 1987

400 Frauen diskutierten über Alltags-Probleme

„Auf dem Tisch steht alles bereit – freuen Sie sich an den guten Gaben“, so begrüßte Sieglinde Ploner vom christlichen „Frühstückstreffen für Frauen“ am Wochenende rund 400 Berlinerinnen unterschiedlichster Konfessionen im Hotel „Steglitz International“.

Die Schweizer Ärztin Ursula Köppel sprach zum Thema: „Im Spannungs[…] Alltag[…] Aus-wirkung[…]
Sie be[…]
von S[…]
körpe[…]
hand[…]

De[…]
We[…]
te[…]
au[…]
du[…]
D[…]
me[…]
B[…]

„auf den Magen schlagen“, „Kopfzerbrechen bereiten“, „Schiß (Durchfall) haben“.

Die Ärztin sagte, sie habe ihr Leben in die Hände Gottes gegeben: „Gott, übernimm du das Steuer – ich kann nicht mehr.“ Ihre Frage an die Frauen: „Welche Priorität hat Gott in ihrem Leben?“ Die Gäste – an jedem Tisch saß ein Mitglied des „Frühstückstreffs“ – dis[…]kontrovers.

[…] – bei den

BAD GODESBERGER NACHRICHTEN

Die Auswirkungen auf Seele und Körper im Spannungsfeld des Alltags

Erstes Bonner „Frühstückstreffen für Frauen“ mit Diskussion über Lebens- und Glaubensfragen in der Stadthalle

(imp) Zum ersten Mal fand am Samstag morgen ein „Frühstückstreffen für Frauen“ in Bonn statt. Rund 300 Frauen folgten der Einladung in die Godesberger Stadthalle, um gemeinsam über sich und das Christsein nachzudenken.

Seinen Ursprung hatte das Frühstückstreffen vor drei Jahren in Zürich. „Wie ein zündender Funke“ verbreitete sich diese Idee von der Schweiz aus in andere europäische Länder. Ein Trägerkreis von Frauen aus verschiedenen Kirchen und Gemeinschaften in Bonn organisierte ein solches überkonfessionales Treffen jetzt auch in der Bundeshauptstadt.

Nach einem ausgiebigen und üppigen Frühstück stellte Koordinatorin Ilse Lenhard die Zielsetzung des Treffens vor. Auf der Grundlage des christlichen Glaubens wollen die Frauen zusammen alle möglichen Lebens- und Glaubensfragen beleuchten und diskutieren. In einer Zeit, in der Frauen oft über Unausgefülltsein klagten, sich Probleme und Angst anstauten und sich Hoffnungslosigkeit ausbreite, solle über grundlegende Fragen des Lebens nachgedacht werden, so die Koordinatorin. Der Trägerkreis will die Entfaltungsmöglichkeiten darlegen, die bei solchen Problemen aus einer Beziehung zu Gott entstehen können.

Die Ärztin Dr. Ursula Köppel aus der Schweiz referierte über das Spannungsfeld im Alltag und die Auswirkungen auf Seele und Körper. Sie zeigte Wege und Möglichkeiten auf, wie Krankheiten vermieden werden können, die durch Streß entstehen. Durch das Setzen von Prioritäten, vor allem aber mit der Hilfe Gottes könne man sich der Hetze des Alltag entziehen.

Ein anschließendes Gespräch und der Austausch von Gedanken an den Tischen sowie der Vortrag melodischer Lieder rundeten den Vormittag ab.

Auf einer Kommentarkarte konnten alle Frauen vermerken, wie es ihnen gefallen hatte, das Treffen loben oder auch kritische Beiträge liefern.

Fünf mal im Jahr wollen sich die Frauen künftig zur Frühstückszeit treffen. Das nächste Treffen findet im Januar statt. Eine Referentin spricht dann zum Thema „Hinter jeder Sucht steht eine Sehnsucht“.

General-Anzeiger
[…]. Oktober 1986

Haan: Frühstücks-Treffen auch in einer Kleinstadt

Bericht von Marlies Wevers

Anfang 1986 besuchten einige Frauen aus unserer Stadt das Frühstücks-Treffen in Gießen. Nach diesem erfreulichen Morgen waren wir uns einig, auch in Haan mit der Arbeit zu beginnen. Wir informierten Frauen aus uns bekannten christlichen Frauenkreisen und später luden wir Barbara Jakob zu einem Informationsgespräch ein. Sie brachte uns ein recht dickes »Handbuch« mit, perfekt ausgearbeitet mit allen notwendigen Richtlinien und Unterlagen zur Durchführung der Treffen. Zunächst jagte uns der Umfang des Inhalts fast ein wenig Angst ein. Würden wir das alles so gestalten können, auch bei uns in Haan? Inzwischen haben wir aber festgestellt, daß das Handbuch in jeder Hinsicht hilfreich war beim Einstieg in die »Frühstücks-Arbeit«.

Wo aber sollten wir die Treffen durchführen? Wäre es auch für Frauen in einer Kleinstadt mit »nur« 30000 Einwohnern ein Bedürfnis – würden sie auch so zahlreich erscheinen wie in Gießen? Die Aula des Gymnasiums, die einzige Möglichkeit, erschien uns aber zu groß. So entschieden wir uns für den Raum eines Restaurants mit 150 Plätzen in unserer Nachbarstadt Hilden. Wir rechneten mit etwa 80–100 Frauen und waren dabei doch sehr kleingläubig. Beim ersten Frühstücks-Treffen anfang Juli 1986 fanden sich 180 Frauen ein! Als die Zahl beim nächsten Treffen weiter anstieg, entschieden wir uns, im kommenden Jahr doch den Sprung in die Aula mit ihren ca. 350 Plätzen zu wagen.

Daß die Treffen »ankommen«, haben uns neben den vielen Teilnehmerinnen auch die Anmeldungen zu den Gesprächskreisen über Glaubensfragen gezeigt.

Obwohl wir noch ganz am Anfang der Arbeit stehen, können wir jetzt schon sagen, daß wir als Mitarbeiterinnen manches gelernt haben. Wir haben gemerkt, wie klein unser Glaube oft ist – und wie groß unser Gott.

Kassel: Gottes Spuren bei der Vorbereitung

Bericht von Regine Parzany

Es war schon merkwürdig, wie unbeteiligt ich blieb, als Freunde in Essen mir zum ersten Mal etwas vom Frühstücks-Treffen für Frauen erzählten. Sogar bei der ausdrücklichen Frage, ob das nicht auch etwas für Kassel wäre, gab es bei mir keine Reaktion, weder dafür noch dagegen. Es interessierte mich einfach nicht.

Erst einige Monate später kam mir der Gedanke des Frühstücks-Treffens ganz neu – und ohne äußeren Anstoß. Es war nach der »Stillen Zeit« am Morgen, als ich überlegte, was wir bei der kommenden Frühstücks-Einladung im kleinen Kreis besprechen könnten. Ich verstand es als Reden Gottes. Trotzdem fiel es mir nicht leicht, den anderen davon zu erzählen. Es könnte ja auch auf das gleiche Desinteresse stoßen wie bei mir am Anfang!

Um so dankbarer war ich über die Reaktion. Gott hatte schon Mitarbeiterinnen vorbereitet, eine hatte sich das für Kassel sogar schon länger erwünscht und erbeten. Auch andere Frauen, entdeckte ich, befanden sich in der gleichen Situation. Da war z. B. Frau M. Ich rief sie an, erzählte von den Frühstücks-Treffen und fragte, ob sie mitarbeiten könne. Sie freute sich, daß ich an sie gedacht hatte. Erst später erfuhr ich, daß sie schon einige Zeit für eine Aufgabe in der neuen Stadt gebetet hatte. Sie war mit ihrer Familie erst kürzlich hierher gezogen.

Solche Erlebnisse haben uns immer wieder ermutigt, wenn uns zwischendurch vor der großen Aufgabe etwas bange wurde. Erst vor einigen Tagen wieder erhielt ich einen Anruf von einer uns unbekannten Frau: sie habe von den Frühstücks-Treffen gehört und würde gerne mitarbeiten. Bei allen Erfahrungen, die wir bis jetzt schon machen durften, denke ich gerne an die Losung und den Lehrtext an dem Tag zurück, als wir in unserem kleinen Frauenkreis zum ersten Mal über die Frühstücks-Treffen sprachen: »O Herr, hilf, o Herr, laß wohlgelingen!« (Psalm 118, 25) und »Werft das Netz auf der rechten Seite des

Bootes aus, und ihr werdet etwas fangen. Sie warfen das Netz aus und konnten es nicht wieder einholen, so voller Fische war es« (Joh 21,6).

Das ist ein mutmachendes Motto für diesen Weg. Mit unseren eigenen Fähigkeiten sind wir schnell am Ende, aber wir dürfen Jesus um Hilfe bitten und haben seine Verheißung für volle Netze.

Mainz/Wiesbaden: Zwei Landeshauptstädte arbeiten zusammen

Ich war schon gespannt, was sich hier in der Nähe unseres neuen Wohnortes in Sachen Frühstücks-Treffen tun würde! Schon vor unserem Umzug hatte ich gehört, daß einige Frauen aus Wiesbaden die Frühstücks-Treffen besuchten und großes Interesse dafür zeigten. Nun, das klang ja ganz gut.

Bald nach unserem Umzug wurde mir bewußt, wie nahe die beiden Städte zusammenlagen, nur der Rhein trennte sie – sollte man da nicht zusammenspannen und *ein* Frühstücks-Treffen anstreben? Die Arbeit würde die gleiche sein, ob für zwei Städte oder für eine.

Ich versuchte in Mainz verschiedene Frauen für die Frühstücks-Treffen zu interessieren und mußte bald feststellen, daß sich die »Mainzer Seite« recht schwer tat... Von den Wiesbadener Frauen wurde ich bald zu einer Vorgesprächs-Runde über nächste Schritte eingeladen, sie wollten die Sache in Angriff nehmen.

Heute bin ich den Frauen aus Wiesbaden für ihre Geduld sehr dankbar. Die Mainzer Frauen brauchten Zeit, um bereit zu werden, die neue Aufgabe gemeinsam in Angriff zu nehmen!

Es war uns von Anfang an klar, daß wir in jeder der beiden Städte eine Koordinatorin brauchten! In Wiesbaden lernte ich drei Frauen kennen, von denen jede die notwendige geistliche Reife und die Fähigkeiten mitbrachte, die Koordination zu übernehmen. Ich bat die drei,

Senta, Hannelore und Gundela, sich doch gemeinsam zu treffen, miteinander zu beraten und zu beten, wer von ihnen welche Aufgaben übernehmen sollte. Und es wurde ihnen klar. Senta übernahm die Koordination, Hannelore ist »Pressefrau« und Gundela Koordinatorin für die Frauengesprächsgruppen.

Es war wesentlich schwieriger, die Mainzer Koordinatorin zu finden. Verschiedene Frauen konnten die Aufgabe nicht übernehmen, meistens sprachen Zeitgründe dagegen. Schließlich ließ sich *Elke Rohrbach* finden. Sie berichtet darüber ganz persönlich:

Durch meine Schwester, die in der Nähe von Zürich wohnt, war mir die Arbeit der Frühstücks-Treffen ein Begriff. Ich wollte sie von Herzen unterstützen. Als Sozialpädagogin arbeitete ich in einem Heim für verhaltensgestörte Kinder. Dort hatten wir es mit Problemen zu tun, die oft unlösbar schienen. Gerne hätte ich bei den Besprechungen der »Fälle« diese gemeinsam zuerst vor Gott gebracht, aber es gab keine gläubigen Christen unter den Mitarbeitern. Einer Einladung zu einem Frühstücks-Treffen wären sie sicherlich aus Kameradschaft und dem Interesse an den Themen gefolgt, nicht aber einer Einladung in meine Kirche.

Durch meine Arbeit in dem Heim habe ich mich eines Kindes angenommen, das von Heim und Schule wegen seiner Verhaltensauffälligkeiten hätte abgewiesen werden müssen, da die entsprechende Schule am Ort für verhaltensgestörte Kinder fehlte. Ich erklärte mich bereit, das Mädchen zu betreuen und erhielt es – sogar als Alleinstehende – vom Jugendamt zugeteilt. Die Auflage hieß allerdings, daß ich nur noch halbtags arbeiten durfte.

Vor fünf Jahren zog ich dann mit der Tochter nach Mainz um. Was ich zur Zeit meiner Zusage dem Jugendamt gegenüber nicht wußte, war die Tatsache, daß sich eine Halbtagsstelle als Sozialpädagogin kaum finden läßt, schon gar nicht vormittags. Im Klartext heißt dies, daß ich arbeitslos bin.

Die Frage der Mitarbeit beim Frühstücks-Treffen war

für mich aus diesem Grund keine Zeitfrage. Als ich gefragt wurde, die Koordination zu übernehmen, schüttelte ich nur lächelnd den Kopf. Nein, diese Aufgabe und Verantwortung traute ich mir nicht zu! Beim Büchertisch im Saal zu helfen, das würde gehen... Als mich dann aber die dritte Frau ansprach, hatte ich zwar wieder viele Gründe – aber auch ein schlechtes Gewissen. Doch wie sollte ich diese Aufgabe übernehmen, dazu noch ohne den stärkenden Rücken eines Ehemannes und mit einer schwierigen Tochter in einem schwierigen Alter – und vielleicht hoffentlich wieder einmal einer Arbeitsstelle? Schließlich traf mich bei meiner täglichen Bibellese vor allem ein Vers aus dem ersten Petrusbrief.

Mir wurde deutlich, daß Gott auch mich dazu gebrauchen will, anderen Menschen zum Glauben zu helfen, und so nahm ich diese und eine weitere Bibelstelle als letzten Hinweis, die Aufgabe der Koordinatorin für Mainz zu übernehmen. Inzwischen ist mir klargeworden, daß ich vielleicht gerade durch meine besondere Situation anderen Frauen Stütze und Rat geben kann. Das Wort von Teresa von Avila hilft mir immer wieder: »Sorge ist eitel, Angst ist eitel, Gott genügt.« Daran will ich mich halten.

Super-Frauen …?!

Ein lauer Morgenwind weht mir ins Gesicht. Meine schnellen Schritte sollen helfen, meine aufgewühlten Gefühle zu verarbeiten, und innerlich halte ich intensive Zwiesprache mit mir selbst. Muttertagmorgen.

»Ich gehe spazieren, ich muß ein bißchen auslüften. Das Frühstück steht bereit, ihr könnt alleine essen.« Das hatte ich den Kindern knapp und deutlich gesagt, bevor ich das Weite suchte. Ben war im Badezimmer beim Rasieren, hörte meinen Kommentar und brummte: »Ich

Schön der Größe nach: Ben, Barbara, Sandra, Rebekka und Micha Jakob.

komme auch gleich mit. Heute wäre es wohl einfacher, ohne Kinder zu sein.«

Muttertagmorgen. Eigentlich könnte mir der Muttertag gestohlen bleiben. Wohl ist es schön und angenehm, kleine Geschenke zu erhalten und schöne Gedichte oder Liedchen von den Kindern zu hören, aber in Frieden zusammenzuleben ist doch die Sache des ganzen Lebens und nicht nur eines Tages! Und dann ist doch Muttertag nur eine Heuchelei...

Ausgerechnet heute morgen hat wieder einmal unter den Kindern wegen irgendeiner Kleinigkeit ein Streit angefangen; schlechte Laune war von unserer Sandra vorprogrammiert, weil wir keinen Tagesausflug geplant hatten. Das Geschrei und Gezanke ist mir so auf die Nerven gegangen, daß ich jetzt durch die Landschaft marschiere.

Gestern war ich in Essen, unterwegs in Sachen Frühstücks-Treffen für Frauen. Die sollen uns Frauen ja helfen, mit unseren Fragen, Sorgen und Problemen besser fertig zu werden. Abgekämpft kam ich nach Hause und war nicht gerade eingestellt auf den anstrengenden Zweikampf, der mir bald bevorstand. Alles war schlecht gelaufen, an allem mußte herumkritisiert werden! Wie ich diese Launen hasse! Natürlich erreichte meine Stimme auch rasch einen relativ hohen Phonpegel... Unser Wortgefecht endete schließlich damit, daß Sandra sich in ihr Zimmer verkroch.

Wie ich mich fühlte! Scheußlich. Natürlich hast du wieder versagt! Und noch vor einigen Stunden hast du den anderen Frauen so schön geschildert, wie gut Frühstücks-Treffen sind, wie man alles im Griff haben kann... Versager!

Nachdem meine Wut etwas verraucht war (so soll man es ja machen, sagen Fachleute) ging ich dann zu ihr ins Zimmer und versuchte, sie in Ruhe zu verstehen. »Es tut mir leid, daß ich dich angeschrien habe«, begann ich unser Gespräch. (Wenn ich nicht »aus Vergebung« leben könnte, wüßte, daß Gott mir immer wieder und hunderttausendmal vergibt, dann wüßte ich nicht, wie das Leben zu bewältigen wäre.)

»Es tut so weh, Mami, es tut ja so weh«, schluchzte Sandra. »Ja was tut dir denn weh, und wo tut es weh?« »Da drinnen, da drinnen«, sagte sie und zeigte auf ihr Herz. »Ja, kannst du beschreiben, was dir weh tut?« »Nein, das können Erwachsene nicht wissen, wie das weh tut. Ich kann es nicht sagen, und ihr versteht es nicht.«

Da hatte ich doch einmal einen Buchtitel gelesen vor einigen Jahren. Das Buch muß ich in unserem Bücherregal suchen, ging mir durch den Kopf. »Growing Pains«, Wachstumsschmerzen, könnte man übersetzen. Vielleicht sollte ich dieses Buch mal konsultieren, vielleicht hilft es mir, Sandra zu verstehen.

Auch Sandra bittet mich um Verzeihung für ihr Verhalten, und so ist der Frieden fürs erste wiederhergestellt.

»Aber lange hat er nicht gehalten!« geht es mir durch den Kopf! Innerlich tobt ein rechter Kampf. Überfordere ich meine Kinder? Leiden sie unter meinem aktiven Leben? Obwohl – seit wir hier wohnen, habe ich es doch recht gemütlich, jedenfalls nicht so streng wie damals in der Schweiz ... Und Ben hat mich immer ermutigt, diese Arbeit zu tun! rechtfertige ich mich.

Trotzdem – ich muß mit der Familie reden. Ich werde ganz ernsthaft erst Ben fragen, und dann natürlich auch die Kinder, ob ich mit der Arbeit für die Frühstücks-Treffen weitermachen soll. Der Gedanke daran erleichtert mich ein wenig, und die frische Morgenluft tut das ihre. Ich atme tief durch und schlage langsam den Weg zu unserem Haus wieder ein.

Micha und Rebekka sind draußen und fahren Fahrrad. »Müssen wir denn das Krankenauto holen?« höre ich Micha Rebekka fragen. Was sie antwortet, verstehe ich nicht, aber ich kann mir so langsam denken, was die beiden überlegen. Micha hat mich als erster gesehen. »Da kommt Mami!« brüllt er voller Freude, und beide lassen ihre Fahrräder liegen, wo sie gerade sind und laufen auf mich zu. »Mami, wir haben dich so lieb. Es tut uns so leid, daß wir uns gezankt haben.« Und sie umarmen mich und drücken sich an mich, daß es eine wahre Freude ist! »Was habt ihr vorher vom Krankenauto erzählt?« frage ich mit einem Lachen. »Ach«, meint Rebekka ganz bedrückt, »wir haben gedacht, daß du vielleicht unter ein Auto kommst, wenn du nicht aufpaßt, weil du traurig und wütend warst, und daß wir das Krankenauto holen und dich ins Spital fahren müßten.« Nun aber spüren sie, daß alles wieder in Ordnung ist und wir uns am Rest des Tages freuen können.

Drinnen im Haus sitzt Ben noch am Frühstückstisch. In Ruhe können wir über all meine Gedanken reden. Ben möchte unbedingt, daß ich mit der Arbeit fortfahre. »Nimm es nicht so tragisch mit den Kindern, das gehört doch einfach dazu. Es ist ganz gut, daß nicht immer alles perfekt läuft. Und daß die Arbeit mit den Frauen wichtig ist, davon muß ich dich doch nicht überzeugen.« Sandra erscheint kurz darauf, ebenfalls viel ruhiger und ein bißchen bedrückt. Sie bittet um Verzeihung. So steht eigentlich einem schönen Muttertag nichts mehr im Wege! Vielleicht werde ich mir sogar gelegentliche Spaziergänge zur Gewohnheit machen, vor allem wenn sie mir hitzige Wortgefechte meinerseits ersparen...!

Später setze ich mich zu unserer Sandra ins Zimmer und bespreche eingehend meine Überlegungen vom morgendlichen Spaziergang mit ihr. »Weißt du, Sandra«, versuche ich ihr zu erklären, »wenn es für dich und unsere Familie besser ist, wenn ich diese Arbeit nicht mehr tue, dann bin ich sofort bereit, darauf zu verzichten. Ich möchte wirklich nicht, daß irgend jemand zu kurz kommt und schon gar nicht ihr Kinder.« – »Was!« protestiert sie, »du kannst doch damit nicht einfach aufhören! Schließlich weißt du doch ganz genau, wie vielen Frauen das hilft.« – »Ja, aber wenn es *uns* nicht hilft, dann nützt alles andere auch nichts«, bohre ich nach. »Nein, bitte Mami, bitte, du darfst damit nicht aufhören, du weißt selbst, wie wichtig das ist. Ich freue mich daran, und es ist ganz wichtig, daß du das tust. Ich will mir Mühe geben, daß ich nicht so launisch bin, wenn du von deinen Einsätzen nach Hause kommst.«

Bei Sandras feuriger Verteidigung der Frühstücks-Treffen kommt mir eine Begebenheit in den Sinn: Wir suchten eine Wohnung für unsere Sekretärin. Die Maklerin führte uns zu einer Familie. Die Wohnung gefiel uns nicht besonders. »Die Frau scheint nicht gerade glücklich zu sein«, sagte ich auf der Rückfahrt zu Annelies. »Die müßte man zu einem Frühstücks-Treffen einladen, wenn es das in Mainz gäbe«, tönte es vom Rücksitz. Sandra hatte mit ihrem scharfen Verstand die Situation erfaßt!

So bin ich an diesem Muttertag vor allem dankbar für einen Mann und Kinder, die Verständnis für eine aktive Mutter aufbringen – und das ist wohl das schönste und wichtigste Geschenk.

Ich hatte mein Manuskript noch nicht beendet, als Sandra in der Schule einen Aufsatz schreiben mußte. Eine peinliche Situation und die Rettung daraus hieß das Thema. Und sie dürften ein bißchen übertreiben, hatte der Lehrer gesagt. Was unsere 12jährige zu Papier brachte, gibt einige der Situationen wieder, wie sie während des Schreibens dieses Buches tatsächlich vorkamen… (Der Aufsatz wurde nicht redigiert)

Computer sind verzwickt

So, bevor ich mit der Geschichte anfangen kann, muß ich noch etwas erklären: Meine Mutter hat im Untergeschoß unseres Hauses ein kleines Büro, in dem unter anderem auch ein Computer steht. Meine Mutter hat uns stengstens verboten, den Computer auch nur anzurühren. Aber es ist halt doch toll, auf den Tasten herumzudrücken und zu sehen, wie die süßen kleinen Buchstäbchen erscheinen.

Doch nun zu meiner Geschichte: Sie fand vor etwa zwei Wochen statt, so genau weiß ich das nicht mehr. Ich und mein kleiner Bruder Micha waren gerade bei meiner

Mutter im Büro, als mein Vater vom oberen Stock rief: »Barbara, komm bitte mal rauf, ich will was mit dir besprechen.« Barbara, also meine Mutter, ging sofort hinauf und ließ den Computer, an dem sie eben noch geschrieben hatte, mit Micha und mir im Büro allein. Mein kleiner Bruder nahm die Gelegenheit natürlich sofort wahr und begann, langsam seinen Namen hinter die Wörter zu tippen, die meine Mutter geschrieben hatte. Es dauerte immer eine Weile, bis er den nächsten Buchstaben gefunden hatte. M – klick – i – klick – c – klick – h – klick – a – klick. Micha. Als er endlich ausgeklickt hatte, schnaufte er befriedigt. Aber jetzt fing ich an zu tippen: »... ist wahnsinnig süß«, schrieb ich also dahinter und sagte zu meinem Bruder: »Lies das mal«. Er fing langsam an zu buchstabieren, denn er ist erst im ersten Schuljahr: »Micha ist wahnsinni – was ist denn das für ein Buchstabe? ach so – g – wahnsinnig süß.« – »Genau richtig, wow, ich wußte gar nicht, daß du schon so gut lesen kannst«, antwortete ich. Jetzt wollte ich aber alles schnell wieder löschen, denn jeden Moment konnte ja meine Mutter wieder hier eintrudeln. Doch anstatt den Löschungsknopf zu drücken, drückte ich aus Versehen auf den Knopf daneben, und dieses rechteckige Ding, das immer da ist, wo nachher die Buchstaben erscheinen, war plötzlich drei Linien weiter unten. Ich versuchte natürlich sofort, das Ding zurückzubewegen, aber es wollte einfach nicht an seinen alten Platz. Einmal war es überhaupt nicht mehr da, einmal war es fünf Linien zu weit oben, einmal mitten im letzten Wort. Ich ärgerte mich so darüber, daß ich den Computer plötzlich einfach ausschaltete. Doch kaum hatte ich das getan, als mir siedendheiß einfiel, daß meine Mutter ja den ganzen Tag gearbeitet und geschrieben hatte, und jetzt wohl alles gelöscht war.

O nein, das kann ja heiter werden! Nachdem ich kurz über meine Lage nachgedacht hatte, schien es mir am vorteilhaftesten, es meiner Mutter gleich zu sagen. Ich ging also hinauf und bat sie, einmal hinunterzukommen. Sie ahnte wahrscheinlich schon, daß irgend etwas mit dem

Computer passiert war und raste schnell hinunter. Noch bevor ich im Büro war, hörte ich schon ihr Geschrei: »Um Gottes Willen! Nein! Ein ganzer Tag Arbeit für die Katz!« Als ich eintrat, schimpfte sie: »Hau bloß ab. Ich will dich hier nicht mehr sehen!« Ich verzog mich natürlich schnell in mein Zimmer.

»Wie kann ich sie wohl am besten besänftigen?« überlegte ich. Da hatte ich einen Geistesblitz: Den Blumenladen an der Hauptstraße! Meine Mutter mag Blumen sehr, und ich schenke ihr oft Blumen, wenn ich Mist gebaut habe. Das wirkt bei den meisten Müttern Wunder, auch bei schlechten Noten und ähnlichem. Also zog ich die Jacke an und nahm mein Taschengeld von etwa drei Wochen.

Als ich dann ein bißchen später mit einem hübschen Nelkenstrauß nach Hause kam und ihn meiner Mutter überreichte, war sie mir schon fast nicht mehr böse. Der Abend war gerettet!

Zum Glück war es nicht ein ganzer Tag Arbeit, was da gelöscht wurde, leider aber schon eine ganze Anzahl Seiten ...! Rebekka fand, sie möchte auch gerne einen Beitrag leisten, und so zeichnete sie die ganze Situation:

Zum Frühstück: Schwierigkeiten

Während ich saubere Kleider für unseren Jüngsten suche, weil er danach brüllt, läuft in der Küche die Milch über. Es dauert natürlich eine Weile, bis der penetrante Geruch ins Kinderzimmer dringt. Daß ich den Herd gerade erst frisch geputzt habe, ist nur ein kleines Detail... »Maaami, wo ist mein Sportsack? Ich verpasse noch den Bus!« Alles stehen- und liegenlassen und wieder einmal fieberhaft nach einem verlorenen Gegenstand suchen... »Wie oft muß ich dir noch sagen, daß du ihn an den Haken hängen sollst?« – Endlich, hinter dem Butterfaß, das als Schirmständer dient, wird er gefunden!

Natürlich habe ich vergessen, das blaue Hemd zu bügeln, das mein Mann heute anziehen wollte... und daß sein Kaffee bereits kalt ist, verwundert ihn zu dem Zeitpunkt schon nicht mehr...

»Mami, es ist kein Brot mehr da!« Bis frisches aufgetaut ist, dauert es natürlich viel zu lange – zum Glück läßt sich noch Knäckebrot finden!

8.10 Uhr an einem gewöhnlichen Morgen, und ich bin so geschafft, daß ich mich am liebsten wieder ins Bett legen würde. (Die letzte Nacht war sowieso kurz geraten.) Aber da wartet ja eine ganze Tagesration an Arbeit, die solchen frevelhaften Gedanken keinen Raum erlaubt...

Schwierigkeiten beim Frühstück? – Und ob! Wo Menschen zusammenarbeiten, ergibt sich Reibung, und oft bleiben Spannungen nicht aus – auch unter Christen nicht. Und da sind wir Frauen keine Ausnahme! Für viele sind die Erfahrungen in der Teamarbeit neu, nicht wenige sind aus dem Berufsleben seit einigen Jahren ausgestiegen, und das Betätigungsfeld »Familie« ist doch etwas ganz anderes.

Schwierigkeiten hatte ich grundsätzlich schon erwartet. Wenn Christen beginnen, ihren Glauben bewußt zu leben, und versuchen, ihn anderen Menschen nahezubringen, bleiben Widerstände nicht aus. In der Bibel wird von einer anderen Macht gesprochen, der Macht des Bösen, die ganz und gar nicht daran interessiert ist, daß Christen aktiv werden. Es spielt sich dann sozusagen ein »unsichtbarer Krieg« ab – und wenn wir uns an dessen Front wagen, versucht der Gegner durch verschiedene Taktiken, uns kampfunfähig zu machen.

Kritik

ist eine davon. Und ich mußte lernen, mit Kritik zu leben, mit Kritik fertig zu werden. »Kritik vermeidet, wer nichts sagt, nichts tut, nichts wagt!« lautet ein Sprichwort. Schön gesagt, hart gelernt, aber echt und wahr! Meistens kritisieren Menschen, die selbst nichts tun – denken wir nur z. B. an den Sport. Da rennen 22 Leute auf dem Fußballfeld herum, geben ihr Bestes, Tausende schauen zu – und viele von ihnen wissen viel besser, wie es die 22 machen sollten ...

Da waren Telefonanrufe und Briefe nach den ersten Frühstücks-Treffen von Frauen, die gewisse Aussagen von Referenten nicht akzeptieren konnten, nachfragten, ob diese überhaupt Christen seien ... anderen fehlten Gebete, Lieder ...

Bald entdeckte ich, daß es beinahe unmöglich ist, Redner zu finden, die es allen recht machen können. Aber das mußte ich erst lernen! Die nötige Gelassenheit fehlte mir am Anfang – und ich ließ mich oft unsicher machen. »Nimm doch nicht alles gleich so persönlich«, mußte mir Ben immer wieder sagen. Ja, wir Frauen sind da wohl empfindlicher als die Männer! Aber durch die Kritik haben wir auch gelernt. Bald entwickelten wir ein »Merkblatt für Referenten«, »Richtlinien für Mitarbeiterinnen« und weitere hilfreiche Hinweise, die uns und anderen Städten bittere Erfahrungen ersparen sollten. Die »Internationale Vereinigung christlicher Geschäftsleute«, deren Arbeit im deutschsprachigen Europa schon seit über 20 Jahren besteht, erlaubte uns Einsicht in ihre Erfahrungen und ihr Material, das wir auf unsere Verhältnisse übertragen konnten. Diese Bewegung war uns um Jahre voraus, und so konnten wir viel von ihr profitieren. Auch deren Erfahrungen mit Kritik waren ganz ähnlich wie unsere. Inzwischen haben wir eine ganz »harte« Regelung aufgestellt:

Kritik im Sinn von Auswertung ist immer erlaubt. Wir wollen aber darauf achten, daß wir immer *Dinge* besprechen und nie Personen angreifen, be- oder verurteilen. Negative Kritik ist in den Teams der Frühstücks-Treffen nicht erlaubt.

Uneinigkeit

Sie ist eine der subtilsten Strategien! Wenn die »Alliierten« untereinander in Probleme und Diskussionen verstrickt sind, wird automatisch der Kampf an der Front vernachlässigt. Nicht umsonst wird der Böse in der Bibel einmal der »Durcheinanderbringer« genannt... Hat er dies nicht auch unter den vielen verschiedenen christlichen Kirchen, Denominationen und Freikirchen zustande gebracht? Wie oft müssen wir den berechtigten Vorwurf von Menschen hören, die der Kirche fernstehen: »Wenn es nur einen Gott gibt, einen Jesus Christus, warum gibt es dann so viele Strömungen, die sich auch noch bekämpfen?«

Ja, wieviel Kräfte werden verpufft, weil die einen

Christen den anderen zeigen und beweisen wollen, wo deren Fehler im Verständnis der Bibel und in der Auslegung liegen! Gut gemacht, könnte man da dem Feind nur gratulieren. Treffend schildert dies der große Schriftsteller und Harvard-Literaturprofessor C. S. Lewis in seinem köstlichen Buch »Dienstanweisung für einen Unterteufel«: »...Aber Parteiungen innerhalb der Kirche haben sehr oft bewundernswerte Resultate ergeben, von den Parteien des Paulus und des Apollos in Korinth bis herunter zur High Church und Low Church in der Kirche von England.«

Aber zurück zum Frühstück! Auch wir wurden von Uneinigkeit nicht verschont. Unser Gedanke war ja, daß Frauen aus verschiedenen Kirchen (nicht die Kirchen und Gemeinden selbst) zusammenarbeiten, um gemeinsam das Frühstücks-Treffen für andere zu gestalten. Und es war tatsächlich so, daß wir am Anfang – aus Mangel an Zeit wohl – nicht einmal alle voneinander wußten, zu welcher Kirche oder Gemeinde wir gehörten. Jesus Christus war unser Mittelpunkt, und für ihn wollten wir arbeiten. Aber die Zielscheibe des Feindes war die Einheit unseres Teams. Er hatte erkannt, daß wir dann viel Zeit untereinander brauchen würden – und so kam es auch...

Einige Frauen des ersten Trägerkreises brachten plötzlich dogmatische Fragen ins Spiel: »Jemand ist nur dann gläubig, wenn...« – »Man kann nicht Christ sein und immer noch dieser Kirche angehören...« – »Frauengesprächsgruppen sollte man aufgeben, die Teilnehmerinnen reden dort doch nur unwichtiges Zeug.« – »In der Art, wie das Frühstücks-Treffen jetzt läuft, unter *der* Führung, kann ich nicht länger damit einverstanden sein.« – »Mein Mann sagt, daß Frauen gar nicht so etwas machen dürfen, das sei nicht biblisch.« – »Ihr seid nicht mehr klar genug.« Vieles hörte sich so »gesetzlich« an!

Ich war verzweifelt!! Mußte das kommen? Ich konnte nicht begreifen, daß Frauen, denen ich vertraut hatte, die ich als Freundinnen betrachtete, sich plötzlich so gegen mich stellen konnten.

Das Frühstück war doch nicht meine, sondern *unsere* Sache! Gott hatte mir doch einfach gezeigt, was ich tun sollte – und ich war ihm gehorsam gewesen! Also war ich auch bereit »abzudanken«, wenn andere Frauen den Eindruck hatten, ich könne das Team nicht richtig führen. Wie ernst ich dies meinte, zeigen einige Tagebuch-Auszüge aus jener Zeit:

17. März
Wir hatten Schwierigkeiten in der Auswertungssitzung. Zum Glück konnten sie einigermaßen beigelegt werden. Ich spüre immer mehr, es ist das beste, in erster Linie auf Ben zu hören, wenn es um menschlichen Rat geht und nicht auf andere Leute, die dominieren wollen. Herr, hilf mir, auf dich zu hören!

5. April
Hu, lerne ich viel in diesen Tagen! Immer wieder lasse ich mich durch Ratschläge, Forderungen auf meinem Weg unsicher machen. Soll ich die Leitung des Trägerkreises abgeben? Gibt es andere Frauen, die fähiger sind?

6. April
Heute habe ich beim Bibellesen die Antwort erhalten. Über eine neutestamentliche Stelle kam ich auf 1. Könige 13, wo die Geschichte vom ungehorsamen Gottesmann beschrieben ist. Eigentlich ist da meine Situation erklärt: Ein Prophet aus Juda muß dem König von Israel (dem Nachbarstaat) Strafe androhen, weil dieser Götzendienst leistet und vom lebendigen Gott nichts mehr wissen will. »Du darfst dort weder essen noch trinken; und auf dem Weg, den du gekommen bist, darfst du nicht zurückkehren«, lautet der Befehl Gottes. Der Prophet erledigt (mit den dazugehörenden Schwierigkeiten) seinen Auftrag. Da ist aber ein Prophet in Israel, der hört vom Auftrag des anderen und reitet ihm nach. Im Gespräch belügt er ihn: »Auch ich bin ein Prophet wie du, und ein Engel hat mir im Auftrag des Herrn befohlen: Hol ihn zurück.

Er soll in dein Haus kommen, um zu essen und zu trinken.«

Und was tat unser Prophet? Er glaubte dem andern, kehrte mit ihm zurück, aß und trank. Auf dem Heimweg strafte ihn Gott für seinen Ungehorsam. Der andere aber, der gelogen hatte, ging ohne offensichtliche Strafe aus.

Das zeigt mir, daß ich auch gehorsam sein und weitermachen muß.

16. Mai

Manchmal wundere ich mich, daß ich alles verkraften kann. Ich bin oft niedergeschlagen – und Ben mußte mit eingreifen, ich habe die Anfeindungen nicht mehr allein ertragen können.

Gestern abend fand jetzt endlich das Gespräch mit einigen Frauen statt. Leider hat es in den letzten Wochen richtiggehend zwei Gruppen gegeben in unserem Trägerkreis. Wir waren dankbar, daß wir auf die Mithilfe von Männern zählen durften. Ben hat das »Aussprache-Treffen« geleitet. Er bat mich vorher, die Frühstücks-Treffen und mich mit keinem Wort zu verteidigen, sondern nur zuzuhören, was die anderen sagen wollten. Das war so hart!! 45 Minuten lang habe ich »geschluckt«! Selbst Ben sagte, daß dies sicher eine seiner längsten Zeiten gewesen sei, in denen er Kritik nur zugehört habe.

Aber heute bin ich dankbar und erleichtert. Sechs Frauen werden unser Team verlassen. Wir versuchten am Schluß, uns zu verstehen und uns gegenseitig unsere Fehler zu vergeben. So haben wir uns wenigstens im Frieden und nicht mit Groll und Bitterkeit im Herzen getrennt.

Was dogmatische Fragen anbelangte, galt in Zukunft die Richtlinie von Augustinus:

In heilsentscheidenden Fragen Einheit, in Nebensachen Freiheit, in allem aber Liebe.

Spannungen

Gibt es sonst noch Dinge, die uns Menschen ein friedliches Zusammenleben erschweren?

»Hintenherum-Reden« ist sicher eine solche Sache! Ich vermute fast, daß es keinen Menschen gibt, der nicht in diesem Bereich schuldig wird. Wie leicht ist es doch, etwas Negatives über einen anderen im Gespräch einfließen zu lassen! Ich jedenfalls kenne dies aus meinem Leben, Sie vielleicht auch.

Da gilt es immer wieder, gerade auch in der Teamarbeit, daß ich lerne, auf die betreffende Frau zuzugehen, sie direkt anzusprechen, wenn ich Spannung oder Uneinigkeit spüre! Nicht andere können antworten, nur der betroffene Mensch selbst weiß, was er denkt, wie er fühlt.

Ist Teamarbeit nicht ein ideales Übungsfeld für zwischenmenschliche Beziehungen? Deshalb ist es wichtig, daß jeder einzelne lernt, aus der Vergebung zu leben. Wir sind fehlerhafte Wesen, die man eigentlich mit »Achtung Baustelle« kennzeichnen müßte!

Dann wäre »Einordnen – Unterordnen« zu nennen. Das heißt, daß ich bereit bin, mich immer wieder an den Platz zu stellen, den ich versprochen habe einzunehmen. Aber auch, daß ich den Platz der anderen Mitarbeiterinnen respektiere. Also große Vorsicht vor dem »Machtteufelchen«, das immer wieder gerne die Ellenbogen benützt!

»Vergleichen« – eine andere Sache, die vor allem bei Frauen immer wieder zu Spannungen führt. Angefangen bei der Schönheit, bei den Kleidern, den Begabungen bis hin zu unserer Arbeit, messen wir uns ganz schnell, schätzen uns gegenseitig ab! Das soll bei den Frühstücks-Treffen nicht der Fall sein – im Gegenteil. Eine Bekannte begleitete mich in Zürich zu einem Treffen und meinte nachher: »War das entspannend! Ich bin noch nie bei einer Veranstaltung gewesen, wo sich die Frauen untereinander nicht »gemustert« hätten. Vielleicht liegt das daran, daß keine Männer anwesend waren?«

Entmutigung

Sie ist eine ganz gemeine Waffe des Feindes! Unerwartet ist sie da, manchmal weiß man nicht einmal, warum. Vielleicht ist es ein Erschrecken über den eigenen Mut, vielleicht auch einfach die Übermüdung nach der großen Anstrengung.

Es dauerte einige Zeit, bis ich merkte, daß es weise war, nach einem Frühstücks-Treffen nicht gerade den großen Hausputz zu machen, oder Termine anzunehmen. Ich benötigte einige Tage, bis ich jeweils wieder »regeneriert« war. Und in diesen »Tagen danach« nahm ich mir immer auch ganz bewußt Zeit für die Kinder. Aber trotz aller Vorsichtsmaßnahmen ist sie immer wieder da, die Entmutigung. Sie äußert sich in Niedergeschlagenheit, dem Gefühl des Versagens, der Frage nach dem Sinn der ganzen Arbeit. Da habe ich von einer Frau Verständnis erwartet, aber erhalte Kritik. Was habe ich falsch gemacht? Bin ich schuld? – Habe ich wieder einmal eines meiner Kinder ausgeschimpft, dann schießen mir Gedanken durch den Kopf (ein höhnisches Lachen des Teufels ist fast zu hören ...): »Und du willst Vorträge halten? Du willst anderen Frauen sagen, wie sie es machen sollen? – Schau doch erst mal deine Familie an! Weißt du, was du bist? – Ein Versager! Trotz deines Glaubens bist du immer noch nicht weiter! Was nützt dir da dein Gott?? Du bist doch für nichts zu gebrauchen!«

Wie oft lasse ich mich dann niederdrücken, schaue nur auf die Umstände und nicht auf das, was Gott mir zugesagt hat. Es stimmt ja: Ich bin oft ein »Versager«, mache Fehler, muß um Verzeihung bitten, immer wieder. Aber Gott hat keinen perfekten Menschen verlangt, sonst hätte sein Sohn ja nicht für uns sterben müssen! Er weiß, daß wir fehlerhafte Wesen bleiben, und dies bis zu unserem Tod. Das Faszinierende dabei ist, daß er uns **trotz allem** gebrauchen will! Ist das nicht super? (So würde es unsere Teenager-Tochter ausdrücken ...)

Entmutigung bewirkt, daß ich den Blick für diese

Realität verliere, meine, ich müsse selbst erst perfekt sein, bevor ich diese oder jene Aufgabe übernehmen könne. Und gerade das bezweckt der Feind! Ein entmutigter Kämpfer ist kein guter Kämpfer. Man steht an der Front und fragt sich: »Was bringt das ganze? Was soll der Aufwand? Lohnt sich die Belastung, der Streß?« Wie wichtig sind in solchen Zeiten ein Ehemann, eine Freundin, Mitarbeiterinnen, die einem wieder Mut machen, einem vielleicht einfach zuhören, einen verstehen! Sich unterkriegen lassen kann jeder – immer weitermachen nicht! Schwierigkeiten beim Frühstück gehören einfach dazu – aber sie werden uns nicht von der Arbeit abhalten!

Übrigens hängt seit einiger Zeit oberhalb meiner Schreibmaschine ein Zitat, das Ben nach einer Besprechung bei Dieter Kürten (Sportchef beim ZDF) mitbrachte:

Kritiker haben wir genug; was unsere Zeit braucht, sind Menschen, die ermutigen.

Frühstück International

Esmorzar Trobada – Temps per la dona Breakfast for Women by Women Frukostträffen av kvinnor för kvinnor

Ich sitze im Zug von Brighton nach London. Es ist der 6. Dezember 1986. Unsere Kinder treffen jetzt bei einer befreundeten Familie den »Samichlaus« (St. Nikolaus), singen Liedchen, sagen ihre Verse auf. Und ich sitze im Zug von Brighton nach London! »In echt« (das würde unsere Rebekka sagen) – das Leben als Christ ist schon ein Abenteuer!

Das, was hinter mir – und vor mir – liegt, kommt mir vor wie ein Traum! In einem wunderschönen englischen Landhaus wurde ich von Freda verwöhnt, erholte mich schnell von der anstrengenden Reise. Bewaffnet mit Bettflasche konnte ich sogar bis fast fünf Uhr morgens schlafen. Dann war es mit meiner Ruhe vorbei! Manchmal erschrecke ich wirklich über meinen eigenen Mut! Ich wollte einen Vortrag auf englisch halten – vor über 300 Frauen in Englands prominentem Kur- und Badeort am Meer! Hätte mir das jemand vor einigen Jahren »vorausgesagt«, ich hätte mitleidig den Kopf geschüttelt...

Mit wachsendem Herzklopfen stieg ich die Stufen des Bedford Hotels empor, dankbar für den wunderschönen – für diese Jahreszeit ungewöhnlich warmen Tag. Gestern noch hatte es in Strömen geregnet, und als eine Frau des

Trägerkreises im Gebetstreffen für schönes Wetter betete, dachte ich im stillen: Also, so einen Glauben möchte ich auch haben – dafür könnte ich bei diesem Regen überhaupt nicht beten! Immer noch ungläubig habe ich heute morgen dann aus dem Fenster geschaut – aber Gott hat die Gebete erhört! Die Wettervorhersage war nämlich denkbar schlecht gewesen ...

Der Saal war schon voll. Gutgekleidete englische Ladies, alle voller Erwartung auf meinen Vortrag und ein bißchen wohl auch auf die Frau, die die Frühstücks-Treffen ins Leben rief. Voller Dankbarkeit denke ich an Franziska. Sie ist Engländerin, mit einem Deutschen verheiratet, und hat sich spontan bereit erklärt, mein Referat auf Fehler und kulturelle Anpassungen durchzusehen. Dies gab mir eine gewisse Sicherheit – und ich versuchte, mich innerlich auf englisches Publikum einzustellen, hatte Franziska doch geschrieben: »Sei nicht enttäuscht, wenn die Engländerinnen zurückhaltend auf Humor reagieren. Das ist halt einfach unsere Art.«

Does everything begin with women? (Fängt mit uns Frauen alles an?) lautete mein Thema. Als Einstieg erzählte ich die Ratschläge unserer Tochter. »Weißt du, ich habe schon ein bißchen Angst, vor so vielen Leuten zu sprechen«, hatte ich ihr gestanden. »Ach, Mami«, kam die Antwort, »du brauchst doch keine Angst zu haben, du mußt deine Sache nur so locker bringen, ein bißchen von deinen Erfahrungen erzählen, und dann mußt du einfach zwischendurch mal lachen. Du weißt gar nicht, wie komisch du aussiehst, wenn du lachst.«

Gelöst lachten die Engländerinnen – und damit hatte ich wohl die erste Hürde genommen. Ich konnte immer freier reden und klebte nicht mehr so am Manuskript, wie ich befürchtet hatte.

Am Nachmittag dann trafen sich die Mitarbeiterinnen in Barbara Webbs schönem Haus, um mich persönlich kennenzulernen. Sie wollten wissen, wie alles angefangen hatte, und sie stellten sich mir vor. Es ist jedesmal ein ganz besonderes Erlebnis zu spüren, daß Ländergrenzen keine

Menschengrenzen sein müssen, daß unter Christen mit dem gleichen Anliegen eine wirkliche »unsichtbare« Familie besteht! Zu schnell naht die Zeit zum Abschiednehmen, mir ist es, als würde ich Freunde verlassen, die ich schon lange kenne!

Eintönig rattert der Zug durch die Gegend, ich bin müde und würde am liebsten schlafen, aber dazu bin ich zu »aufgedreht«. Daß es ein Frühstücks-Treffen in Brighton gibt, ist einer lieben Großmutter zu verdanken. Antoinette Schramm, so ihr Name, betreut während meiner Abwesenheit die Kinder. »Aber Barbara, das ist doch selbstverständlich, daß ich auf eure Kinder aufpasse, damit du in Brighton deinen Vortrag halten kannst«, war ihr spontanes Angebot gewesen, als sie von der Anfrage hörte, »du mußt doch auch mal sehen, wie es dort läuft.«

Ja, das wollte ich zu gerne! Das erste »Breakfast for Women by Women« fand nämlich vier Tage nach unserem Umzug nach Deutschland statt. Damals wäre ich als »Begründerin« eingeladen gewesen, ein Grußwort zu überbringen, aber zwischen Kisten und Schachteln in unserem neuen Heim war dies natürlich nur ein Wunschtraum geblieben. So flog Antoinette als Stellvertreterin nach England, um den 300 Frauen Grüße aus der Schweiz zu bringen.

Endlich kann ich ein bißchen abschalten und döse fast ein wenig ein. Aber je näher wir London kommen, desto größer wird meine Spannung: Wird Ben am Bahnsteig sein? Hat er den Weg von seiner geschäftlichen Besprechung zum Bahnhof zurück rechtzeitig geschafft? Und reicht die Zeit zum Haarewaschen, Duschen, damit wir um acht Uhr auch im Theater sind? Wir werden uns das Musical »Time« anschauen, in dem Cliff Richard die Hauptrolle spielt. Ben hat ja vor zwei Jahren mit Cliff in der Schweiz zwei Wohltätigkeitskonzerte veranstaltet und dadurch haben wir ihn persönlich kennengelernt. Der Manager hat mit uns verabredet, daß wir Cliff anschließend in seiner Garderobe treffen können. Wie ich mich darauf freue! Die Aussicht darauf und auf »Zeit zu zweit«

wie zu alten Zeiten läßt meine müden Geister wieder munter werden … und schon hält der Zug!

Aber zurück zum Frühstücks-Treffen in Brighton: Im September 1983 hatte Antoinette am ersten Frühstücks-Treffen in Zürich teilgenommen. Sie war zu dem Zeitpunkt als Direktionssekretärin bei einer namhaften Schweizer Firma tätig. Antoinette hatte einige Jahre zuvor zum persönlichen Glauben an Christus gefunden.

Nun, da alle ihre Kinder ausgeflogen waren, wollte sie sich frühzeitig pensionieren lassen, um etwas für andere Menschen zu tun. Und die Frühstücks-Treffen interessierten sie sehr! Vielleicht wäre das eine Möglichkeit, ihre Kenntnisse neu einzusetzen? (Heute betreut Antoinette Schramm halbtags das schweizerische Sekretariat der Frühstücks-Treffen in Zürich.)

Bevor sie aber einen neuen Lebensabschnitt beginnen wollte, reiste die junggebliebene Großmutter nach Brighton, um dort ihr Englisch aufzufrischen.

Sie suchte Anschluß in einer Kirchengemeinde, um auch so von der Sprache profitieren zu können – und traf dort Shirley Ansell. Die beiden Frauen wurden Freundinnen. Und dann …

Breakfast for Women by Women

Bericht von Shirley Ansell, Brighton

Als ich 1984 Antoinette Schramm in unserer Kirche in Brighton traf, ahnte ich nicht, was diese Begegnung auslösen würde. Zuerst erhielt ich eine Einladung, Urlaub bei ihr in der Schweiz zu machen, die ich mit Freuden annahm. Als ich eintraf, hatte Antoinette aber so viel Arbeit im Büro, daß ich mich anbot, ihr zu helfen. Fröhlich packte ich Briefe in Umschläge, bis Barbara Jakob mit 25 Blättern ankam, die ins Englische übersetzt werden mußten. Es waren Unterlagen über die Frauen-Frühstücks-Treffen, die Barbara für Frauen aus anderen Ländern benötigte.

»Shirley, du bist genau im richtigen Moment gekommen«, sagten die beiden Frauen. Da war ich nicht so sicher. Noch nie hatte ich Übersetzungen gemacht, und mit einem Stoßgebet begann ich meine Arbeit. Ich war erstaunt, wie gut und schnell ich vorwärts kam. Vier Tage später, eine halbe Stunde bevor ich zum Flughafen aufbrechen mußte, war das letzte Wort übersetzt. Das waren meine Ferien gewesen...

Nun trug ich aber in meinem Koffer die »Saat« für die Frühstücks-Treffen, um sie in England auszustreuen! Mir wurde immer klarer, daß Gott mir trotz all meiner Unzulänglichkeit eine wunderbare Aufgabe geben wollte. Zu Hause besuchte ich bald darauf eine Bekannte, die ganz spontan sagte: »Ich mache gerne die administrative Arbeit.« Eine Frau aus unserer Kirche meinte ganz begeistert: »In letzter Zeit habe ich oft für eine neue geistliche Arbeit gebetet. Auf das habe ich gewartet.« Bald trafen wir uns zu fünft zum Gebet für die Frühstücks-Treffen. Von überall her stießen Frauen dazu mit dem Wunsch, durch ihre Gaben mitzuhelfen.

Etwa ein halbes Jahr später erhielt ich wieder eine Einladung in die Schweiz. Als Engländerin durfte ich am ersten »Wochenende für Mitarbeiterinnen« inmitten einer schweizerischen Gesellschaft einen Bericht auf deutsch (für mich das erste Mal!) über die Vorbereitungen unseres englischen Frühstücks geben. Von mir aus hätte ich mich dazu nicht fähig gefühlt, aber »wenn ich schwach bin, dann bin ich stark«, heißt es in der Bibel (2.Kor 12,10).

Am folgenden Wochenende besuchten noch sieben andere Frauen unseres Trägerkreises das Frühstücks-Treffen in Zürich. In Brighton fragten die Leute verwundert: »You are flying to Zurich just for Breakfast, are you crazy?« – (Was, ihr fliegt nach Zürich, um zu frühstükken?) Aber es sollte ja kein »gewöhnliches« Frühstück sein... Am Nachmittag erhielten wir in einem Seminar mit Barbara viele wertvolle Hinweise und kehrten mit neuem Enthusiasmus nach England zurück.

Am 13. April 1985 fand unser erstes Frühstücks-Treffen mit 300 Frauen im Bedford Hotel in Brighton statt. Der Mann meiner Nachbarin fuhr seine Frau hin und meinte erstaunt: »Ich habe noch nie so viele elegante Damen so früh am Morgen an der Seepromenade gesehen.« Antoinette überbrachte die Grüße der Schweizer Frauen.

Seit jenem ersten Treffen ist unser Frühstücks-Saal immer voll besetzt, und leider finden nicht alle Frauen Platz. Aber wir wechseln jetzt in einen größeren Raum.

Es ist ein Vorrecht, als Frauen für andere Frauen etwas zu tun und ihnen davon weiterzugeben, was wir durch unseren Glauben an Christus empfangen haben.

Eine Schauspielerin als Mitarbeiterin

Bericht von Barbara Webb, Worthing bei Brighton

Während meiner Zeit als Schauspielerin in einem Londoner West-End Theater wurde ich Christ. Erst dann wurde mir bewußt, daß es kaum einen Ort gab, an den ich meine Freunde mitnehmen konnte, wo sie in einer angenehmen, »unchurchy« (nicht-kirchlichen) Atmosphäre etwas über Jesus Christus hören konnten.

Gerade im Theaterbusiness inmitten der säkularisierten Menschen beschwören die Worte »Gott, Kirche, Religion« die langweiligsten Bilder herauf, die man sich nur denken kann. Trotzdem wollte ich so gerne, daß meine Freunde und Familie den kennen- und liebenlernen könnten, der Leben gibt, erfülltes Leben – etwas, nach dem Theaterleute immer suchen!

Mit 40 Jahren erst habe ich dann geheiratet. Rupert war

Mainly For Women
with Jackie Griffin

Breakfast with a difference

Lumb of Haywards Heath, on the organising committee of Breakfasts for Women by Women

E most of us will ted our weekend of women will be at the Bedford Brighton tomor- breakfast.

no ordinary break- gh. The women, of iffering ages and ds, will be taking eakfasts for Women n, an experiment started in Septem- in Switzerland by Mrs Barbara ich gives women to meet, ask ques- talk about their in a relaxed, and Christian e.

ll be the second *for Women by* be held in Bright- n is always to pro- teresting speaker, meone in public aturday, April 13, en heard Susie speak on the *so glad to be a* which she de- w her life changed ago when she be- ristian.

akfasts are orga-

attended a breakfast in Z last March.

She explained that the fasts are designed as a lo Evangelical outreach, alt at the last breakfast pr around one-third of the were committed Christia denominations. "We women to feel that the someone to share their with," she explained. "N going to try to conve although it would be some came to know th

Mary Lumb is conc out the state of the wor position of womer "Although to a certain are freer than ever b seem to have a certai crisis," she said.

But this is no Women's Lib approa whole point of these b

of women

Jul
Mid

GENTE — Por Jesus LOSADA

Raquel y Betty en el comité de "Tiempo para la mujer"

Raquel Fernandez y Betty Puente de Cande, junto con Paquita González y Rosa Rodriguez, integran el comite de "Tiempo para la mujer" en Orense que se formó en noviembre del pasado año.

Raquel Fernández, cuenta como fueron los inicios a raiz de un viaje a Barcelona en donde contactó con Francesca Planayuma, que había fundado en Cataluña dicha organizacion, en abril del mismo año, a consecuencia de unas experiencias vividas en Suiza.

Por tanto, Francesca se convirtio en la organizadora nacional de una asociación que, por el momento solo tiene presencia en Barcelona, Zaragoza, Orense y pronto en Madrid, Pontevedra y Vigo. En estas dos últimas ciudades, se están haciendo gestiones desde Orense para animar a un grupo de señoras que inicien la marcha de esta asociacion de la que Raquel nos explica su objetivo.

"Pretendemos ayudar a la mujer sin interes por nuestra parte, politico o lucrativo. Somos un grupo de mujeres cristianas —no somos feministas— co deseos de prestar colaboración a las demás en todas las areas ya que estamos convencidas de la inversión de Dios en todos los terrenos de nuestra vida. Todos los temas que tratamos son bajo la perspectiva puramente cristiana ya que somos evangélicas y nuestra intención es enseñar a la mujer que puede vivir una vida cristiana, no religiosa pero personal

Raquel Fernández

Str

By BAIRBRE PO

IRISH people's po image affects the experience life ar ead to stress, and depression.

There are ma ferent causes fo and tension i biological and reasons.

And it is no events that cau and tension but titudes to life a we see things, Brian Kinch, clinica psycholo the Eastern Board.

Many people aware of the p by our atti thinking and affect our emo he says.

"Our attitu filter through events and ha our lives mus Kinch told Breakfast Dublin today.

"How we therefore, wi depend am things on ticular set we hold. silent about our people and

Mr. Kin gathering women th to become our attitu patterns of flow thro important appropriate our emotio

The Women organised

THE SUNDAY TRIBUNE, 8 JUNE 1986

'Good morning,' said Mary 'It's great to be a woman'

by EMILY O'REILLY

MARY Kenny's lime green hat was framed magnificently between the panelled windows and the bright shafts of sunlight that spattered through the length of Trinity College's dining room. Inside, 150 interdenominational and fiercely well dressed women munched on cereals and croissants and waited politely for Mary to speak.

This was the first 'Breakfast for Women by Women', organised by a group of "single and married women", involved in various prayer groups and interdenominational groups around ...

with on arrival. Actualy, not quite sure she had, the dregs of humanity you're dealing with here, she replied self-deprecatingly.

Croissants downed, Leslie, a mother of three stood to speak. "I stopped going to mass at 17," announced Leslie, not without some small degree of drama. Then, at 21, Leslie met her future husband. Future husband, proposed after two weeks, she accepted after three. Bliss. But soon there were problems. Big problems. Dreadful problems. He was Protestant. She was Catholic. Then one day Leslie chanced upon ...

featured the Common Market, Hilaire Belloc and a Protestant friend of Maeve Binchy's.

But through this morass, the real theme of Mary's speech became crystal clear. Equality is a delusion. Feminism hasn't worked. Equality legislation backfires. She had an aunt once, remembered Mary, who always wanted to drive. Over my dead body, used say her husband, a man of vision as it turned out since the aunt did indeed learn to drive once safely widowed. And a whizzo driver ...

to work but hubby wanted them to stay at home. Now said Mary, now they're getting letters moaning about the fact that they want to stay at home but hubby insists that they go to work and earn their two weeks in Torremolinos.

And as for divorce ... well, now we were getting down to it. The divorce debate, opined Mary, was heaps better than the last or rational. It would be to vote against it. Not other people what to d

But on the other h to be wrong to vote gislation, she said, men, broke down led away at thin urable thing to tain. Some y ought it a v en, but she'd fod an in women pay the p any freedom.

No, abstention was th That way you get to s Christian conscience, as retrievably brokendown friends.

12, 1985

ring Gospel over toast

BARBARA AND EIRA'S MISSION TO WOMEN

en are convinced he best thing since d bread.

tress Barbara Whatley, of Gratwicke Road, and graphic designer and book illustrator Eira Reeves, of Marine Parade, are encouraging local interest in an idea which had its beginning in Switzerland.

Breakfasts for Women by Women is a way of taking Christianity to many women of many denominations, and of none, in a relaxed way over a leisurely breakfast.

The first of these events was held in April at Brighton's Bedford Hotel. The second is being held at the same hotel tomorrow, Saturday.

Says Barbara, 'It is super because it is a bringing together of women outside the formal atmosphere of church, and the whole emphasis is on togetherness.

'Nobody asks anyone which church they go to — or whether they go to church at all. Nobody is an outsider.

People can talk about their problems and ask about anything that is troubling them.'

Both Barbara and Eira are team leaders and Eira says, 'Everyone is searching for something. We feel these breakfasts are the right place for people to talk openly and find what they are looking for.'

There are follow-up meetings held once a week in different Christian homes.

EIRA REEVES, left, and Barbara Whalley: 'Everone is searching for something . . . people can find what they are looking for.' Picture by Derek Martin.

Jean Pitts

n in ard too t a hies. d you more events

22): Fin- ers may expected hing you back p and may you.

Br W

IT WILL croissants, cereals an tomorrow n on's Bedford 300 women.

But this bre plete with Palm not a club and be Women's Li isers.

The breakfast

…, Sept 27 86.

…ssful Irish self-image

Enjoying the Women to Women breakfast in the Mansion House this morning were: spokesperson Bernadette McNicholas, Maureen Slattery, and guest speaker Brian Kinch, senior clinical psychologist, Eastern Health Board.

denominational team of professional women and housewives both married and single. Their aim i to provide an avenue for women to meet in an informal atmosphere and discuss questions of everyday life and faith.

The attendance at this morning's second ever "Breakfas for Women" in the Manson h House attracted almost double the number of women who attended the inaugura breakfast which was addressed by journalist Maary Ken ny earlier in the summer.

Plans are being laid to invite international star, Dana, to address the next breakfast meeting in Dublin in February.

Mr. Kinch said that people are al subject to stress and tension and htat is a good th ing. A certain amount of stress is necessary in our lives. It puts a demand on us to change and motivates ous ito grow and evelop.

However, people can have too much stress and tension, some of which may be slef-inflicted.

When stress occurs causing a change in our word by puttinig a demand on us, it must pass through a filter before it hits us and that filter is our attitue.

Mr. K inch said: "It is very imkportant to look at our at titudes. We h old attitudes on a whole rangeof tings such as politics, sex, feminism and famine in Africa."

Mrs. Bernadette McNicholas, chairperson of the breakfast group, said that if women can be happier in their hearts they will have a happier home anc work situation with a more fuklli linig life and will ohe happier people all round.

"This is what these breakfast meetings are al about — to help women to have peaceful and happy hearts."

La cantante de color actuo en una asociación … cristianas. Ahora sólo interpreta canto espirit…

DONNA HIGHTOWER canta para las mujeres cristianas

La cantante de color Donna Hightower cantó en Barcelona en el transcurso de una reunión de mujeres cristianas. «Temps per a la dona» («Tiempo para la mujer») es una organización de mujeres cuya finalidad es la de dar a éstas la oportunidad de conocerse a sí mismas bajo una perspectiva confesio-… …nión,

la psicóloga Est… ja de un pastor … evangélica, hab… mente sobre el … conocerte a ti m…

Uno de los a… este almuerzo d… formal fue la pr… cantante de Mis… de hace unos añ… ta espiritual negr… tuvo muy a ton… lada.

NEWS 3

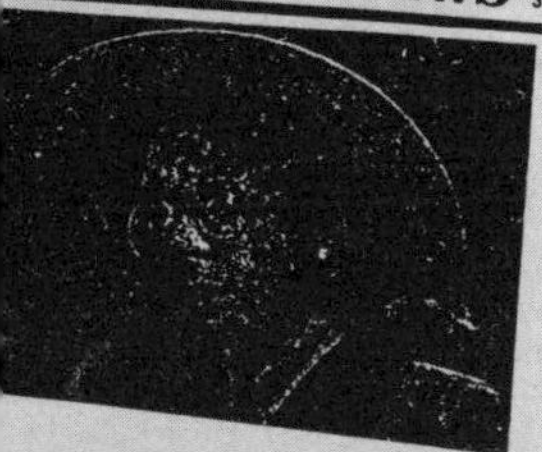

La orensana Raquel Fernández en un momento de la presentación del acto

Más de un centenar de orensanas se reunieron para compartir experiencias cristianas

Primera "merienda-encuentro" de "Tiempo para la mujer"

…s allí presen… …tancia del dar … …on los demás. …, acompaña… …rvalos, de la …usical que co… …to de la licencia… …ano y orensana …nzález Ferreiro. …ncuentros sólo … realizado con …ad en Barcelo… a partir de ahora …rán en marcha …n Zaragoza (es… previsto para el mes de diciem… Madrid, y si se …ticularmente a …es esto es en …le su organiza… …orque quizás la …ción sea más … …e nosotras, ade… por la mujer se … siempre muy …sa. Eso sí no somos feministas y tampoco cerramos la puerta a los hombres. Todos los que quieran por supuesto que pueden asistir cuando lo deseen". La finalidad de los encuentros la resume Cesca afirmando que "nosotras somos mujeres cristianas; cristianas en el sentido de que desarrollamos una experiencia cristiana personal, no quiere decir ello que seamos religiosas y queremos compartir esa experiencia que a nosotras nos parece maravillosa con las demás, para que todas puedan disfrutar como nosotras de la paz que proporciona Dios en nuestras vidas. Además, les hablamos de problemas de la vida real, mira, por ejemplo, una de las próximas charlas será sobre el tema del aborto".

"Tiempo para la mujer" abre sus puertas a todas las orensanas interesadas en participar de estas "meriendas-encuentro" dirigiéndose al teléfono 234848 "porque esta reunión —apunta Cesca— la hemos organizado invitando a amigas y vecinas y queremos que sean muchas las que compartan su tiempo con nosotras.

…eres del centro cr…

…kfast in Brighton … food for thought

…juice, …tries, …offee …ight- …ound … …com- …c, is …t all …gan- … by

a group of Christian women from various church backgrounds.

What they intend to do is talk to each other about the problems facing women today. And there are plenty of them — from AIDS to drugs, divorce to child abuse.

Breakfasts for Women was started in Switzerland by housewife Barbara Jakob, who will be the main speaker tomorrow. Brighton was its first venue in the UK.

It has proved amazingly successful as a flexible organisation in which there are no committees, no campaigns, no profits, no pressure towards a commitment to any church.

"But there is a lot of prayer behind it," says co-ordinator Shirley Ansell.

This most unobtrusive of self-help ideas also aims "to encourage love and unity amongst all Christians regardless of domination." Quite an ambition these days!

Actress Barbara Watkin is another of the co-ordinators behind Brighton's breakfasts. She says: "There are eight of us altogether and we are a true cross-section with different backgrounds, educations, churches.

"Among us there are mums, a divorcee, single career women and widows."

Breakfasts are planned for March, June, September and December next year. There is a creche for children and a comment card for each guest.

More details from administrator Lawton. Her telephone numb… Brighton 720084.

…Pretty …up th…

ein professioneller Cricket-Spieler, und wir hatten beide, jeder im Bereich seiner Karriere, fantastische nicht-christliche Freunde. Unsere Hochzeit brachte viele von ihnen zum ersten Mal in Kontakt mit Christen und dem christlichen Glauben. Sie erlebten, daß Christen auch lustig und fröhlich sein konnten! Obwohl dadurch ihr Interesse am Christsein wuchs – wozu sollten wir sie einladen? Mit uns zur Kirche gehen, das wollten sie nicht!

Mein Mann und ich wurden dann von unserer Kirchengemeinde gebeten, ein Abendessen in einem Hotel zu organisieren, als Teil einer Vortragsreihe. Es wurde ein großer Erfolg. Es bestätigte uns die Wichtigkeit, die christliche Botschaft dorthin zu bringen, wo sich die Menschen normalerweise aufhalten und wohlfühlen.

Shirley Ansell, eine langjährige Freundin, lud ich ebenfalls zu jener Dinnerparty ein. Einige Tage später rief sie mich an, ob ich nicht beim »Breakfast-Team« mitarbeiten könnte? Meine komische, große Sorge war, nur mit Frauen zu arbeiten! Das hatte ich noch nie getan! Aber meine Sorge war unbegründet. Gott hat neun wunderbare Frauen ausgewählt. Wir lachen, weinen und arbeiten miteinander, teilen unsere Gedanken mit und helfen einander in einer Art, wie ich das vorher noch nie erlebt habe! Es ist eine reiche Erfahrung.

Nach bald zwei Jahren Frühstücks-Treffen in Brighton platzt dieses aus allen Nähten. Frauen in meiner Stadt möchten, daß wir bei uns selbst Treffen organisieren.

Vor drei Jahren habe ich mit Theaterspielen aufgehört und bin jetzt für Kinderheime tätig. Durch diese Arbeit erhielt ich Zugang zu vielen christlichen Denominationen und Organisationen. Ich lernte viele Frauen kennen, denen ich von den Frühstücks-Treffen erzählen konnte. Sicherlich wird es bald in verschiedenen Städten Englands Frühstücks-Treffen geben. Diese haben mir persönlich neue Freunde, neue Reisen, neue Dimensionen und neue Dankbarkeit für Gott gebracht. Danke, Barbara, daß du den Mut hattest, damit anzufangen.

Esmorzar-Trobada – Temps per la dona

Bericht von Francesca Planagumá, Barcelona, Spanien

Obwohl evangelische Christen in meinem Land noch nie irgendwelchen Zugang zu den Medien hatten, geschah doch das Unglaubliche. Ich wurde in die populärste Talk-Show des spanischen Fernsehens eingeladen und über meinen Glauben befragt. Durch diese Möglichkeit lernte ich viele einflußreiche Frauen kennen. Ein Wunsch wurde in mir wach: Wie könnte man diese Frauen für Glaubensfragen interessieren, Frauen, die nie in eine Kirche gehen? Meine Gedanken tauschte ich mit einigen Freundinnen aus – und wir begannen zu beten.

Etwas später reisten mein Mann und ich im Januar 1984 zur jährlichen Leiter-Konferenz der überkonfessionellen Schulungsorganisation, in der mein Mann arbeitet. Dort hörte ich zum ersten Mal von den Frühstücks-Treffen für Frauen, und die Idee traf bei mir wirklich ins Schwarze.

Ich erhielt bald darauf eine Einladung »zum Frühstück« nach Zürich und durfte einige meiner Freundinnen mitbringen! Wir trauten unseren Augen kaum, so viele Frauen gemeinsam am Frühstückstisch zu sehen! Mit vielen wertvollen Hinweisen und einigen Unterlagen in Englisch kehrten wir heim.

Zurück in Spanien begannen wir mit den Vorbereitungen. 13 Frauen mit unterschiedlichem kirchlichem Hintergrund bildeten bald ein Komitee. Nach fünf Monaten stand unser erstes Treffen vor der Tür! Wir waren sehr gespannt, wie unsere »Landsfrauen« auf die Einladung reagieren würden! Würde es Probleme mit den Ehemännern geben, die in unseren Breitengraden doch nicht so viel von Gleichberechtigung in der Partnerschaft halten? Würden sie ihre Frauen überhaupt teilnehmen lassen?

Am 13. März 1985, bei unserem ersten Treffen, war der Saal voll, übervoll! 320 Frauen kamen, davon mindestens 200, die jeglichen Kontakt zur Kirche verloren hatten. 35 Frauen waren an einer Diskussionsgruppe über den christlichen Glauben interessiert. Ein wichtiges nationales Magazin, »Lecturas«, brachte einen Artikel mit Photos.

Und es ging weiter! Frauen aus anderen Städten wurden aufmerksam, wollten mehr wissen. Heute findet »Temps per la dona« (Zeit für die Frau) bereits in zwei weiteren Städten statt (Orense und Zaragoza), und Vorbereitungen für ein Treffen in Madrid sind im Gange. Für ganz Spanien haben wir im Herbst 1986 ein nationales Komitee gegründet, weil das Interesse für Frühstücks-Treffen so groß ist.

Inzwischen dürfen wir als Frauen einmal in der Woche ein 15-minütiges Radio-Programm in der offiziellen Station Barcelonas senden! Gott öffnet uns Türen, an die wir nicht einmal geklopft haben!

Einige prominente Frauen haben die Frühstücks-Treffen besucht, und wir versuchen, mit ihnen in Kontakt zu bleiben. Mir selbst war es möglich, mich zum Bibelstudium mit einer Frau zu treffen, die ein populäres Radioprogramm über Schönheitsfragen betreut. Sie hat an einem unserer Treffen über »Äußere Schönheit« gesprochen, und ich habe dazu die »Innere Schönheit« ergänzt! Es ist sehr gut angekommen!

Weil wir möchten, daß auch Männer die gleichen »Rechte« haben wie die Frauen, führen wir jedes Jahr zwei Abendessen für Paare durch.

Die Frühstücks-Treffen in Spanien zeigen das riesige Bedürfnis der Frauen, das auszudrücken, was sie denken und fühlen! Oft verändern sich Leben, Beziehungen, ja sogar die Familien dieser Frauen, wenn sie erkennen, was der Glaube an Jesus Christus bedeutet. Und Frauen, die sich die Leitung einer kleinen Gruppe niemals zugetraut hätten, sind mit großer Begeisterung Gruppenleiterinnen geworden. Wir spanischen Frauen sind sehr dankbar, daß wir die Frühstücks-Treffen kennenlernen durften!

Frühstück in Italien, Irland, Schweden…

Esmorzar-Trobada
Temps per a la dona

Breakfasts for Women by Women

Frukostträffen
av kvinnor för kvinnor

Incontro . . . a Colazione
da donne per donne

Nicht nur in England und Spanien treffen sich inzwischen Frauen zum Frühstück, nein, auch in Florenz, Italien. Dort trafen sich bisher acht Mal Frauen zu »Incontro … a Colazione«, kürzlich mit einer Beteiligung von 230 Frauen. Wie überall sind einige Gesprächsgruppen entstanden. Nun bekunden auch Frauen aus Rom Interesse an den Treffen, das Handbuch wird in Kürze aus dem Deutschen ins Italienische übersetzt werden.

In Göteborg, Schweden, finden monatlich »Frukostträffen av kvinnor för kvinnor« statt, und auch Männer begannen, sich zum Frühstück »unter sich« zu treffen!

In Dublin, Irland, hat sich nach dem ersten Frühstücks-Treffen im Juni 1986 die Zahl der Besucherinnen beim zweiten Treffen verdoppelt. Über 300 Frauen genossen das Frühstück. In Irland gibt es nur wenige gesellschaftliche Möglichkeiten für Frauen, erzählt mir die Koordinatorin, Bernadette McNicolas. Das erklärt den für die Irinnen überraschenden Zuspruch der Treffen. Wegen der hohen Arbeitslosigkeit und um den Frühstücks-Preis möglichst niedrig zu halten, treffen sich die Frauen in Dublin in einer City Hall (Stadthalle), und Mitarbeiterinnen des Trägerkreises übernehmen zum großen Teil auch den Service. Auf diese Weise können sie vielen anderen Frauen zum Entspannen verhelfen, etwas, was sich diese sonst nicht leisten könnten. Auch das ist soziales Engagement!

Erstaunlich ist, daß in allen Ländern, in allen Kulturen Europas das Bedürfnis der Frauen dasselbe zu sein scheint: Miteinander die wirklich wichtigen Fragen des Lebens zu besprechen, Antworten und Lösungen gemeinsam zu suchen!

Und überall – ein interessantes Phänomen für die Medien!

Die Medien beim Frühstück

Frühstücks-Zeit an einem ganz gewöhnlichen Morgen. Es klingelt an der Tür und unerwartet kommt ein Gast, den Sie kaum kennen, dem Sie aber den Wunsch nach einer Tasse Kaffee doch nicht abschlagen können. Er will vieles über Ihre Familie wissen – und natürlich sieht er auch einiges, er ist ja nicht blind! Im stillen fragen Sie sich, ob Sie wohl einen guten Eindruck auf ihn machen? Ob er das schmutzige Geschirr in der Küche, die braunen Flecken auf dem Tischtuch übersieht? Es ist schwierig, sich ein Urteil zu bilden! Der Gast verabschiedet sich, er hat vieles über Sie erfahren – Sie natürlich fast nichts über ihn... Was wird er weitererzählen?

So ungefähr läßt sich die aufregende Arbeit mit Medienleuten umschreiben! Ein bißchen Angst ist natürlich schon im Spiel. Vielleicht auch das Vorurteil, daß »die Presse« alles »Christliche« sowieso zerpflücken würde (wie man das schon öfter erlebt hatte), damit es ein »gefundenes Fressen« wäre...

Dankbar wurde ich eines anderen belehrt. Die Frühstücks-Treffen kamen gut an! Die ersten positiven Artikel, im Tages-Anzeiger wie in der Neuen Zürcher Zeitung, ließen uns mutiger werden – und andere Frauen ergriffen die Initiative!

Kurz befragt

Eines Tages erhielt ich einen Telefonanruf von »Meyers Modeblatt«, der größten schweizerischen Frauenzeitschrift.

Kurz befragt: Barbara Jakob

Name:	Barbara Jakob-Lutz
Alter:	34
Zivilstand:	verheiratet, Mutter von 3 Kindern
Wohnort:	Küsnacht
Publikation:	«Mit uns Frauen fängt alles an»
Lieblingsessen:	Paprikafilet
Lieblingsgetränk:	1 Glas Rotwein vom Rebberg des V
Lieblingslektüre:	Bibel und Narnia-Geschichten von
Bevorzugte Musik:	Cliff Richard und Bob Dylan
Stärke:	alles, was mit Organisieren zu tun
Schwäche:	Unordnung auf dem Pult
Hobbys:	Frauengruppen, Frauentreffen, F

»Jemand hat Sie, Frau Jakob, für die Rubrik ›kurz befragt‹ vorgeschlagen, wir würden Sie gerne interviewen. Wann würde es Ihnen passen?« Die freundliche Stimme von Frau Frey ließ auf ein gutes Gespräch hoffen! Fotograf und Journalistin kreuzten auf, ein langes engagiertes Gespräch entstand, in welchem der Fotograf aktiv und interessiert mitmischte. Er fand das schon »super«, daß Frauen so etwas zustande brachten. Schade, daß er nicht an einem Treffen teilnehmen konnte!

Zwei Tage nach ihrem Besuch bei uns zu Hause nahm Frau Frey mit einer Freundin selbst am Frühstücks-Treffen teil, um sich aus erster Hand zu informieren. Sie schickte mir sogar das satzfertige Interview zur Durchsicht zu! Daß auch die Daten der kommenden Treffen und die Telefonnummer von Frau Huber für die Anmeldungen genannt waren, gehörte mit zum »Service«. Miedi Huber schätzte, daß sich über 100 Frauen aufgrund des Artikels im Laufe der Zeit für die Frühstücks-Treffen anmeldeten.

Gedanken einer Journalistin

von Marianne Heimoz, Bern

»Frühstücks-Treffen für Frauen«: Schon wieder ein Sonderzüglein von Feministinnen für Feministinnen, dieses Mal unter dem Deckmantel der Kirche? Meine (durchwegs männlichen) Kollegen sind ebenso mißtrauisch wie ich. Es flattert schließlich so allerhand auf den Tisch einer Redaktionsstube …

Der Besuch eines Frühstücks-Treffens im Berner Kursaal belehrt mich eines Besseren: Hier sind Frauen am Werk, spüre ich, deren Anliegen echt ist, die offen gegenüber Andersdenkenden sind, Frauen, die für die Sache Christi einen neuen Weg zu gehen bereit sind.

Die Atmosphäre ist gemütlich und entspannt, trotz der vielen hundert Besucherinnen. Alles stimmt, wirkt ungekünstelt und unaufdringlich. Und trotzdem ist die Botschaft klar und wird verstanden. Ich fühle mich wohl, aufgehoben in einer großen Gemeinschaft. Ich spüre lebendige Kirche, eine Kirche, die Geborgenheit vermittelt.

Objektiv kann mein Artikel dieses Mal nicht ausfallen. Er soll es auch nicht. Der Leser darf meine Betroffenheit für einmal spüren.

«Frühstückstreffen»: Dem Glauben eine Chance geben

Sonja Sieber, Gattin des Zürcher Pfarrers Ernst Sieber, sprach in Bern vor über 1300 Frauen

Eine Prise Show, sehr viel menschliche Wärme und ein offenes Bekenntnis zum christlichen Glauben: Am «Frühstückstreffen für Frauen» im Berner Kursaal machte die Konzertsängerin Sonja Sieber, Frau des als Zürcher Obdachlosenpfarrers bekanntgewordenen Pfarrers Ernst Sieber, den über 1300 Teilnehmerinnen Mut zu echter Emanzipation.

Über 1300 Frauen aus dem ganzen Kantonsgebiet plauderten an farbig gedeckten Frühstückstischen im Berner Kursaal (deren 300 haben aus Platzgründen abgewiesen werden müssen). Brennende Kerzen setzen Lichtpunkte und geben dem «Frühstückstreffen für Frauen» einen festlichen Anstrich. Weder eine der herkömmlichen Evangelisationsveranstaltungen noch eine Zusammenkunft

Berner Zeitung 4. Februar 1985

von kämpferischen Frauenrechtlerinnen findet hier statt. «Normale» Frauen sitzen hier zusammen. Frauen, denen die Organisatorinnen des überkonfessionellen Treffens Mut machen möchten, dem Glauben eine Chance zu geben. Das wenige, das offiziell gesagt wird, tönt echt und macht betroffen. Frauen diskutieren mit Frauen über Lebensfragen, und zwar auf gleicher Ebene.

Menschen als Menschen nehmen

«Emanzipation als Gabe und Aufgabe aus der Sicht der Bibel» steht als Titel über den Betrachtungen von Sonja Sieber, welche die Theologie zu ihrem Hobby gemacht hat und sich vor allem in der Jugendarbeit engagiert. Nach einem Blick auf die Stellung der Frau – von den Homerschen Zeiten bis in die Gegenwart – kommt sie auf die heutige Aufgabe der Frau und auf das, was Christus den Frauen zu sagen hat, zu sprechen.

Sonja Sieber beweist, dass immer Frauen um Jesus gewesen seien. Mindestens deren sechs hätten ihn ständig begleitet. Jesus, legt sie dar, habe ein Evangelium der Zärtlichkeit und Fröhlichkeit verkündet, er sei in allem Mensch unter Menschen gewesen und habe sich in erster Linie mit Aussenseitern (Kranken, Zöllnern, Frauen) befasst. Dabei habe der Gottessohn jedem Menschen seine Eigenart gelassen: sowohl der besinnlichen Maria als auch der aktiven Martha aus Bethanien und der intelligenten Maria Magdalena, einer geheilten Geisteskranken.

Von unserer Mitarbeiterin
Marianne Heimoz

Partnerin und Kollegin sein

Jede Frau sei eine gewollte Gottesschöpfung, folgert Sonja Sieber, und sollte sich bemühen, ihr Leben wahrer zu gestalten, nicht als Sklavin allerdings, sondern als Partnerin der Männer und als echte Kollegin unter anderen Frauen. Die Pfarrersfrau warnt dabei vor Selbstzufriedenheit und fordert, dass jede Frau die Gabe zur Emanzipation an ihrem Platz im Leben nutze: Emanzipation bedeute, sich selber und dem, was uns geboten wird, kritisch gegenüberzustehen. «Emanzipation aus biblischer Sicht heisst, frei werden aus der Gnade Christi heraus.»

Eine Chance für die Kirche

So ungezwungen, wie das Frühstückstreffen begonnen hat, klingt es aus. Ohne Gebet und ohne Bibelverse. An ihre Stelle tritt das gemeinsam mit der Sängerin Sonja Sieber und ihrem Ensemble gesungene «Halleluja, sing a song». Das «Frühstückstreffen für Frauen», mit seinem ungekünstelt vorgebrachten Anliegen, wird damit zu einer echten Chance für die Kirche. Frauen, welche die erhaltenen Denkanstösse später in einer kleinen Gruppe aufarbeiten möchten, können dies nämlich tun. Keine wird aber direkt daraufhin angesprochen, jede bleibt in ihrer Entscheidung frei.

Das nächste Frühstückstreffen im Berner Kursaal findet am 4. Mai statt. Als Gast wird Peter Hahne vom saarländischen Rundfunk dabei sein. Auch in Biel wird am 1. Juni ein Treffen organisiert. Wer sich für diese neue Art, mit Frauen aus allen Lebenssituationen heraus für gut zwei Stunden zusammenzusitzen, interessiert, erhält bei Gertrud Stücklin, Pfarrfrau in Ittigen (Telefon 58 48 50), Auskunft.

Höhere Regie

Aber rosige Artikel gab es auch bei den Frühstücks-Treffen nicht immer. Wenn das ungute Gefühl nicht wich, wenn Angst sich einschlich, wenn beim Gesprächspartner eine »Spitze« spürbar wurde.

Ob ich ihren Artikel vor der Veröffentlichung vielleicht auch lesen dürfe? fragte ich die Journalistin der »Schweizer Familie«, dem größten Familienmagazin der Schweiz. Ja, sie würde ihn zur Durchsicht zuschicken! Ich war erleichtert. Aber nur so lange, bis der Artikel da war. Da stand z. B.: »Andere, die neu dazugestoßen sind, haben Bekannte über Barbara Jakobs Frühstücks-Treffen schwärmen hören...« Von Massenveranstaltungen, Großveranstaltungen, Massenandrang ist die Rede. Es wird mir ganz elend. – Mit klopfendem Herzen rufe ich sie an, gebe einige Korrekturen durch, was Teilnehmerzahlen betrifft, und bitte sie, das »Barbara Jakob« zu streichen. Das wäre allen anderen Frauen gegenüber ungerecht, die mitarbeiten und sich ebenso einsetzen wie ich. Zum Glück sieht die Journalistin das ein!

Aber da sind noch einige andere Abschnitte, über die ich nicht allzu glücklich bin, ich wage aber nicht, sie um Streichung zu bitten. Ich kann nur hoffen und beten...

und andere tun es auch.

Der Artikel erscheint – und »höhere Regie« hat eingegriffen. Gerade die unangenehmen Abschnitte sind zum Teil herausgestrichen, der Artikel ist abgerundet worden! Wir können der »höheren Regie« nur danken!

Sie wirken wie ein Magnet auf Frauen jeglichen Alters: Die Frühstückstreffen von Frauen für Frauen, die seit September 1983 in Zürich organisiert werden und allmählich auch in andern Städten Fuss fassen. Zwischen 500 und 900 Frauen erörtern an diesen Grossveranstaltungen miteinander Glaubensfragen.

Christliche Themen im Vordergrund

«Auf dieses Treffen habe ich mich während der ganzen Woche gefreut», strahlt Edith Caflisch aus Gossau, Mutter zweier Buben im Alter von 14 und 16 Jahren. «Vor allem empfinde ich die Vorträge jedesmal als grosse Bereicherung», meint sie. Marianne Keller lockt besonders die Diskussion über christliche Themen. «Denn es hat nichts Frömmlerisches an diesen Frühstückstreffen», findet sie.

Diesen Eindruck hat auch die 72jährige Zürcherin Hedwig Jehli. Die aufgeweckte Rentnerin macht allerdings kein Hehl daraus, dass sie mit grosser Skepsis zum erstenmal an ein Frühstückstreffen gegangen sei, da eine betont religiöse Frau sie mitnahm. «Das fromme Element wirkt aber keineswegs aufdringlich» sagt sie, «sonst hätte man mich hier nie mehr angetroffen.»

Nicht nur in Züric

Fernsehen

Ich stehe am Bahnhof und warte auf zwei Gäste: unsere zukünftige Praktikantin Vreni (die uns für einige Monate »beistehen« will, denn die Arbeit mit den Frühstücks-Treffen wächst mir langsam über den Kopf) und Herr Hegglin vom Schweizer Fernsehen. Heute morgen erst hat er angerufen, ob er vorbeikommen könne, um mich und die ganze Sache kennenzulernen.

Zum Glück ist Fräulein Schneider flexibel genug, sich gleich mit unserem Micha ins Kinderzimmer zurückzuziehen, damit ich ungestört mit Herrn Hegglin reden kann. Bei einer Tasse Kaffee stellt er hundert Fragen, die ich nach bestem Wissen und Gewissen beantworte. Wieder, wie schon bei anderen Begegnungen mit Medienleuten, beschleicht mich ein komisches Gefühl des Ausgeliefertseins, ohne jegliche Beeinflussungs- geschweige denn Kontrollmöglichkeit... Versteht er wohl, um was es uns geht? Ist seine Freundlichkeit echt oder nur vordergründig, um möglichst viel Informationen herauszuholen? Im Gespräch wächst das Vertrauen, und die Tatsache, daß Herr Brügger, den ich inzwischen schon ein bißchen kenne, ihn »vermittelt« hat, läßt mich hoffen, daß es einen objektiven Bericht geben könnte. »Wenn Sie mir so die Entstehung der Frühstücks-Treffen erzählen, möchte ich eigentlich gerne darüber auch etwas zeigen und nicht nur am Treffen selber filmen. Wäre es Ihnen möglich, daß wir am Freitag zu Ihnen nach Hause kommen und einige Aufnahmen machen? Haben Sie eine Frauengesprächsgruppe noch vor dem Treffen?«

Das ist überhaupt nicht das, was ich mir vorgestellt hatte! Das Fernsehen sollte doch einen Bericht vom Frühstücks-Treffen senden und weder von einer Frauengesprächsgruppe noch von mir!

Außerdem ist die Woche vor einem Treffen sowieso immer hektisch mit all den vielen Telefonanrufen und dem übrigen Drum und Dran. Ich versuche meinen Gast zu überzeugen, daß ein Bericht des Treffens genügen würde, aber er läßt sich nicht beirren. »Der Hindergrund ist wichtig und auch die Menschen drum herum.« – »Aber ich müßte unsere Freitagsgruppe extra für Sie umstellen«, doch auch dieses letzte Argument von mir überzeugt ihn nicht. – »Ich würde wirklich gern einmal bei einer Frauengesprächsgruppe dabeisein!« – Nun, das kann ich mir allerdings vorstellen – welcher Mann würde nicht gerne wissen, was da so geredet wird??

Um 10.00 Uhr, Freitag morgen, wollten sie dasein, das Kamerateam mit Herrn Hegglin – gegen 11 Uhr erscheinen sie schließlich, was nicht einmal so schlecht ist, denn da sind wir mitten in der Diskussion. Wir versuchen alle, uns nicht durch das Licht, die Kamera, den Tonmann aus der Ruhe bringen zu lassen und einfach weiterzumachen wie »normal«.

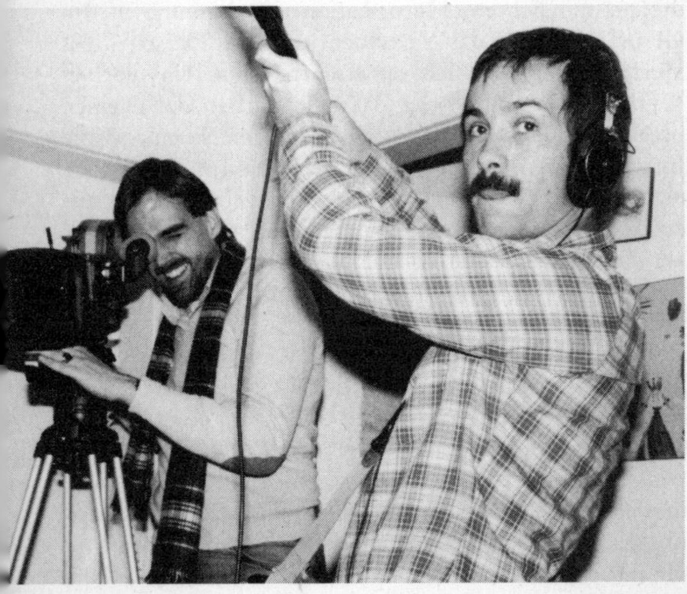

Das Team bleibt den ganzen Tag bei uns. Immer wieder stellt mir Herr Hegglin Fragen, sei es beim Staubsaugen nach der Gruppe, beim Mittagessen oder später an der Schreibmaschine. Und ich weiß nie, was er fragen wird – es soll spontan und natürlich sein! Aber immer wieder taucht eine Frage in verschiedener Form auf: »Frau Jakob, warum machen Sie das alles? Weshalb laden Sie andere Frauen zu sich ein, was ist Ihre Motivation?« Immer wieder weise ich darauf hin, daß der lebendige Glaube an Jesus Christus meine Triebkraft sei. Ob er diese Antwort wohl bringt oder herausschneidet?

Zum Glück sind unsere Kinder viele Gäste gewohnt, und so stört es sie nicht sonderlich, daß drei Männer hin und her gehen, bei uns zu Mittag essen, Kaffee trinken und immer wieder filmen. Sie entlocken den ernsten Herren sogar ab und zu ein Lachen, als – wir spielen gerade ein Quartett zusammen – das Telefon klingelt und die sechsjährige Rebekka drangeht und sagt: »Ah, guten Tag, Herr Huber, wir spielen gerade, können Sie bitte in einer halben Stunde noch mal anrufen?« (Schade, daß die Kamera nicht eingestellt war, meinten sie.) Oder als Sandra und Rebekka einen richtigen Streit inszenieren (so etwas hat man als Mutter ja besonders gern, wenn fremde Leute anwesend sind) und nachher auf meine Zurechtweisung antworten: »Wir haben das doch nur fürs Fernsehen gemacht.« (Der Kameramann hat es auch wirklich aufgenommen, aber zum Glück herausgeschnitten.)

Um 16.00 Uhr packen die Medienleute ihre Koffer. Was wird wohl von diesen zwei Stunden Filmmaterial genommen werden? Morgen wollen sie noch mal eine Stunde bei dem Treffen filmen, und der endgültige Bericht wird 6 Minuten dauern! Wieviel wird da geschnitten und zusammengesetzt werden! Ich bin schon ein bißchen beunruhigt!

Am Montag abend, in der Sendung DRS-aktuell, einem täglichen Magazin, soll es soweit sein. Die Voranzeige in der Zeitung klingt vielversprechend...

FERNSEHEN

Montag, 30. Januar 1984

19.05

DRS aktuell

SRG

«Wir dürfen als Frauen ruhig etwas Neues wagen, in einer Welt, in der das Negative an der Tagesordnung steht, und versuchen, einen positiven Akzent zu setzen.» Aus dieser Überzeugung ist ein Frühstück herausgewachsen, zu dem sich mehrere hundert christliche Frauen treffen. Worum es ihnen geht, zeigt «DRS aktuell».

Dann, 19.20 Uhr, kurz vor der Hauptausgabe der Tagesschau, beginnt »unser« Bericht! Nach den kurz scheinenden sechs Minuten bin ich fast ein wenig erschlagen! Der Mann hat ja *mich* »porträtiert« und nicht die Frühstücks-Treffen! Was werden die anderen Frauen denken? Die haben sicher das Gefühl, ich wolle mich in den Mittelpunkt stellen und »groß rauskommen!« Diese und ähnliche Gedanken rasen durch meinen Kopf. – Aber es ist schon vorbei... – Der Bericht an sich war ja positiv und die wichtigste Aussage, die ich machen konnte, war drin: »Frau Jakob, was motiviert Sie für Ihre Arbeit?« – »Das ist die innere Motivation aus dem persönlichen Glauben an Jesus Christus.« – »Was heißt das?« – »Das heißt, daß Gott als Schöpfer uns die Möglichkeit gegeben hat, wieder mit ihm in Kontakt zu treten, unseren Egoismus zu überwinden und die Beziehung zu seinem Sohn Jesus Christus aufzunehmen.«

Ich konnte mir den Bericht nicht anders erklären, als daß Herr Hegglin beeindruckt gewesen sein mußte von der Frauengesprächsgruppe mit den vielen jungen, attraktiven Frauen, der Familie und der ganzen Arbeit, daß er das seinem Publikum zeigen wollte. Nun wollte ich nicht undankbar sein – er hätte ja Negatives darstellen und kommentieren können!

Am nächsten Tag beim Einkaufen spricht mich die Kassiererin an: »Sie sind doch die Frau, die gestern abend im Fernsehen war, nicht wahr?« Auf mein Bejahen hin meint sie: »Also was Sie da machen, das ist schon ganz mutig und schön, ich gratuliere Ihnen. Leider kann ich nicht zu den Treffen kommen, weil ich ja am Samstag arbeiten muß.« Dann ist also doch beim Zuschauer durchgedrungen, um was es uns geht – froh fahre ich nach Hause.

Was mich aber noch längere Zeit beschäftigt, ist das Gespräch mit den drei Fernsehleuten beim Kaffee am Freitagnachmittag in unserem Wohnzimmer. Ich hatte sie über ihre Befriedigung im Beruf und über ihre letzten Tätigkeiten gefragt. »Es muß für Sie doch schwierig sein, sich fast jeden Tag auf neue Menschen, neue Geschichten und Reportagen einzustellen. Wie bewältigen Sie das?« – »Nun, man wird leider sehr abgestumpft (das hatte man ihnen angemerkt), fast ständig ist man auf Achse, kann sich gar nicht mehr für eine Sache engagieren, weil ja jeden Tag eine neue kommt. Die meisten Beziehungen sind oberflächlich, weil man mit den Menschen, die man kennenlernt, keinen engeren Kontakt aufbauen kann.« – »Und dann sind da all die Probleme, über die wir berichten müssen!« Wir haben dann über die Bedeutung von echten Freundschaften gesprochen, von »offenen« Familien, vom lebendigen Glauben. Vielleicht habe ich einen kleinen Funken Sehnsucht nach Gottes Liebe in ihnen wecken können?

16.15 Frau 85:
Frau und Religion

DRS

«Mit uns Frauen fängt alles an», sagen die Frauen vom Frühstückstreffen, einer neuen religiösen Frauenbewegung, die möglichst viele Frauen zu Gott und einem sinnerfüllten Leben bringen will. Sie bieten Evangelisation bei Kaffee und Gipfeli an. «Vater und Mutter unser ...» beten die feministischen Theologinnen, suchen in der Theologie nach einer neuen Ganzheit anstelle der männlichen Einseitigkeit, indem sie bei den grossen Frauengestalten der biblischen Geschichte ihre eigene Vergangenheit erforschen.

Soll die Religion die Frauen in ihrer traditionellen Rolle bestätigen und stärken odér sie zu neuen Erkenntnissen und damit zur Infragestellung der althergebrachten Rolle bringen? Zu diesen Gegensätzlichkeiten äussern sich unter der Gesprächsleitung von *Vreni Meyer*: *Barbara Jakob*, Initiantin des Frühstückstreffens für Frauen, *Silvia Bernet-Strahm*, katholische Theologin, und *Susy Luther*, Sozialarbeiterin.

Zweitausstrahlung: Freitag, 5. April, 16.15 Uhr.

Frau '85: Frau und Religion

Um 14.00 Uhr würde die Aufzeichnung stattfinden, im Ortsmuseum Küsnacht. Ich sollte aber bereits um 11.00 Uhr dort sein, damit man sich bei einem gemeinsamen Mittagessen kennenlernen und vorher noch den Bericht über die Frühstücks-Treffen anschauen und überdenken könne. Dies wird mir von der zuständigen Redakteurin mitgeteilt. Ob ich kommen könne?

Können ist gut! Die Aufnahme der Diskussion wird genau eine Woche vor unserem Umzug sein. Und wir leben seit einiger Zeit nur noch zwischen Schachteln, Kisten, verschiedenen Zoll-Listen und sind schon gar nicht mehr richtig zu Hause... Aber um mit anderen über einen Bericht über das Frühstücks-Treffen zu diskutieren, dazu will ich mir trotz allem die Zeit nehmen.

Und so finde ich mich im Ortsmuseum ein, lerne meine Gesprächspartnerinnen und die Moderatorin kennen. Sie erklärt uns, wie die Sendung laufen soll. Etwas befremdet stelle ich im Gespräch fest, daß weder die zuständige Redakteurin noch die Moderatorin je an einem Treffen teilgenommen haben. Sie haben sich anderweitig informiert und den Bericht des verantwortlichen Fernsehteams erhalten. Etwas mager, finde ich, aber es soll ja auch nicht ausschließlich über die Frühstücks-Treffen diskutiert werden, sondern eben über »Frau und Religion«.

Vor dem Essen bereits schauen wir uns den Bericht an, um ihn auf uns wirken zu lassen. Nun bin ich ja gespannt! – Es haut mich fast um, was da über den Bildschirm flimmert!

Die Frühstücks-Treffen, wird von der leicht zynischen Stimme eines Nachrichtensprechers gesagt, sind aus einer kleinen, überkonfessionell organisierten Still-Gruppe entstanden! (Da muß ich fast lachen – seit wann hat Stillen etwas mit Konfessionen zu tun! Der Redakteur oder wer immer den Text geschrieben haben mag, hat sich wirklich sehr gut informiert...!)

Frauen suchten »religiöses Entfliehen« aus den Alltagsproblemen... von »Gebetsfrühstücken« war die Rede...

Nun erlebte ich einmal die andere Seite des Journalismus, die ein »gefundenes Fressen« zeigen will, egal ob es seriös gemacht ist oder nicht! Zum Glück folgte die Diskussion erst nach dem Bericht, so hoffte ich, im Gespräch einige Dinge richtigstellen zu können.

Einen kleinen Auszug aus der ca. 30minütigen Fernsehdiskussion möchte ich hier wiedergeben:

FRAU MEYER: Religion hat zu tun mit Gefühl und Moral. Diese Ansicht ist immer noch weit verbreitet. Aus diesem Grund galten Frauen schon immer als besonders religiös. Schließlich sind sie ja Spezialistinnen bezüglich Fragen, die Herz, Gefühl und Moral betreffen. Ist Religion ein konservativer Faktor in unserer Gesellschaft? Will sie das Lob der braven Hausfrau, die aber im übrigen schön an ihrem Platz bleiben soll? Falls das stimmt: warum lassen sich die Frauen das gefallen? Sie sind ja immer noch stark engagiert, was Religion betrifft. Ein Beispiel dafür ist der Erfolg der sogenannten »Frauen-Frühstücks-Treffen«, die seit zwei Jahren Hunderte von Teilnehmerinnen auf die Beine bringen.

(Es folgt der 8minütige Bericht über ein Frühstücks-Treffen in Zürich.)

FRAU MEYER: Frau Luther, wie erklären Sie sich den Erfolg der Frauen-Frühstücks-Treffen?

FRAU LUTHER: Beim Beobachten des Films über diese Großveranstaltung mußte ich an meine eigene Berufssituation denken und wie das wäre, wenn ich selbst ein solches Frühstück in meiner Kirchengemeinde einführen würde. Dabei wurde mir deutlich bewußt, daß ich eben Angestellte bin in einer Institution. Frau Jakob hat ja diese Frühstücks-Treffen aus einer eigenen Idee und aus ihren eigenen Erfahrungen heraus entwickelt. Es ist heute so, daß man ein ganz bestimmtes Bild von der Institution »Kirche« hat und Frauen sich vielleicht nicht einer Institution gegenüber verpflichten möchten. Ich könnte mir vorstellen, daß Frauen lieber auf diese eher unverbindliche Weise zusammenkommen möchten.

FRAU BERNET: Dies ist genau das, was mich eigentlich stört an diesen Frühstücks-Treffen: das Unverbindliche. Ich hatte das Gefühl, daß dies etwas ist, das Frauen immer machen könnten – besonders auch der Rahmen mit Kaffeetrinken und »Gipfeli« essen. Das ist das typische Bild für das Zusammensein von Frauen. Bei diesem Frühstück ist noch ein Vortrag dabei, aber was ich eigentlich für richtig halte ist, daß Frauen sich zusammentun sollten, um zusammen etwas zu unternehmen. Also nicht einfach zusammen reden und vielleicht einen Vortrag hören, sondern auch zusammen überlegen, Strategien entwickeln, wie sie Veränderungen, die vielleicht bei ihnen beginnen, auch politisch und gesellschaftlich weiterführen könnten. Mir scheint, daß dies bei diesem Frühstück zu kurz kommt – es wird nur getan, was schon immer getan wurde.

FRAU MEYER: Es entspricht wahrscheinlich einem Bedürfnis. Die Frage ist also, woher dieses riesige Bedürfnis kommt, wenn man bedenkt, daß Tausende an einem Morgen um 8.45 Uhr zusammenkommen.

Sie, Frau Jakob, stehen der sogenannten »Aktion Neues Leben« relativ nahe. Diese Aktion Neues Leben wiederum ist verwandt mit der Bewegung »Campus für Christus«. Das sind sogenannte evangelikale, fundamentalistische, also sehr streng bibelgläubige Bewegungen oder – wenn man kritisch sein will – sehr konservative Bewegungen. Möchten Sie den Frauen diese Art der Theologie vermitteln?

Frau Jakob: Unser Ziel ist nicht, eine Theorie oder Theologie zu vermitteln, sondern die persönliche Erfahrung eines neuen Lebensstils, eines Lebens mit Jesus Christus, das auf dieser persönlichen Basis beruht. Es geht uns nicht um eine besondere theologische Richtung, sondern darum, daß Jesus Christus wirklich erlebbar und erfahrbar ist. Wir möchten außerdem darauf aufmerksam machen, daß wir Schweizer nicht einfach als Christen geboren wurden, weil wir jetzt eben zufälligerweise hier zur Welt gekommen sind, sondern daß Gott uns das Angebot eines neuen Lebens und eines Neuanfangs mit Jesus Christus gemacht hat.

Dies ist eine Herausforderung zu einem neuen Glauben: ein neuer Glaube durch eine persönliche Beziehung, die dann Auswirkungen zeigt im engsten Umfeld, in der Familie und auch weiter in die Kirchengemeinden hinein.

Frau Bernet: Für mich ist das zu diffus, einfach auf Veränderungen zu warten, die bei Frauen privat anfangen und sich dann irgendwann einmal auswirken. Bisher hatte das noch keine Auswirkungen, die katholische Kirche ist immer noch genau dieselbe...

Frau Jakob: Es hat sich doch intensiv ausgewirkt, indem Frauengesprächsgruppen und Bibelgesprächskreise entstanden sind oder Ehepaare wieder zusammenleben, die vorher nicht mehr miteinander reden konnten. Im Kleinen ist da sehr viel in Bewegung gekommen.

FRAU MEYER: Hier setzt ja die Kritik an, die man Ihrer Gruppe gegenüber erhebt: daß Konflikte vielfach zugedeckt werden und Frauen sich dann einfach trösten und sich mit Hilfe des Glaubens mit dem gegenwärtigen Zustand abfinden.

FRAU JAKOB: Ich habe diesen Vorwurf noch nie gehört. Ich könnte jetzt nicht sagen, daß mir Leute begegnet sind, auf die dieser Vorwurf zutreffen würde. Was ich sehr häufig erlebt habe, seitdem es diese Frühstücks-Treffen gibt: Letzte Woche hat mir beispielsweise eine Frau geschrieben, daß sie sehr dankbar sei, daß sie die persönliche Beziehung zu Gott als dem Schöpfer wieder habe finden dürfen und dadurch jetzt auch auf andere Menschen zugehen könne. Sie habe auch eine Frauengesprächsgruppe angefangen, was sie sich nie zugetraut hätte.

Auswirkungen müssen ja im Kleinen anfangen. Wir können beispielsweise nicht für Frieden demonstrieren, wenn wir zu Hause keinen Frieden haben.

FRAU BERNET: Das sagt man ja immer: im Kleinen muß es anfangen, bei jedem persönlich. Das stimmt sicher, aber ich finde, wenn es keine strukturellen Änderungen gibt, dann wird das Kleine aufgesogen. Gerade in der katholischen Kirche sehe ich das große Problem, daß viele Frauen – und nicht nur Frauen – abwandern, weil die Kirche sich so präsentiert, daß es niemanden mehr anmacht, in diese Kirche zu gehen oder diese Fragen überhaupt aufzunehmen. Ich bin überzeugt davon, daß, wenn Frauen mehr Anteil hätten an dieser Kirche – eben bis in die Entscheidungsgremien hinein und nicht nur ganz an der Basis –, es ganz anders wäre.

FRAU MEYER: Warum versuchen Sie dann nicht, in der Kirche etwas Ähnliches wie Frau Jakob zu machen? Wenn Sie schon sagen, daß die Kirche unattraktiv sei?

FRAU BERNET: Das wird auch gemacht. Ich arbeite mit Frauen aus dem katholischen Raum zusammen, aber nicht in einer bestimmten Kirchengemeinde. Aber es ist auch relativ schwierig, da eben Strukturen vorhanden sind. Als Laientheologin könnte ich versuchen, so etwas zu organisieren, aber dann wäre ich darauf angewiesen, daß ein Pfarrer dabei ist, der das unterstützt. Wenn das nicht der Fall ist, ist nichts zu machen.

FRAU LUTHER: Gerade als Sozialarbeiterin in einer Kirchengemeinde, wo man mit vielen Problemen konfrontiert wird, denke ich schon, daß, wenn wir diesen Glauben schon so propagieren, auch mehr an Taten sichtbar werden müßte. Ich denke beispielsweise an ein Obdachlosenheim in unserer Kirchengemeinde, also ein Stück weit Brückenschlag zwischen Gemeindeglied und Obdachlosen. Im Hinblick auf diese Menschen mit ihren finanziellen Fragen und Beziehungsproblemen, müßte auch in der Kirche vermehrt etwas sichtbar werden. Ich denke auch, daß Frauengruppen wie die Ihre eben auch vom Glauben her mutiger sein müßten, um eben vielleicht auch gegen Behörden wirken zu können.

FRAU MEYER: Wie würde eine Kirche aussehen, wenn sie von Frauen geleitet würde?

FRAU BERNET: Das ist nicht einfach zu formulieren. Es gibt ein paar Aspekte. Ich bin beispielsweise davon überzeugt, daß die Kirche nicht so hierarchisch strukturiert wäre.

Frauen wären viel dialogfähiger, die Kirche wäre wahrscheinlich weniger dogmatisch, da Frauen nicht unbedingt das große Bedürfnis haben, ein System zu errichten, das in sich schlüssig ist. Sie stehen viel eher dazu, daß es Wahrheiten sein müssen, die durch ihr Leben abgedeckt sind.

FRAU MEYER: Frau Jakob, Ihrer Reaktion nach sind Sie da anderer Meinung...

FRAU JAKOB: Nur was die Dialogfähigkeit anbetrifft.

Ich denke, daß es in der Zusammenarbeit mit Frauen genausoviele Spannungen gibt, wie sie auch unter Männern vorkommen. Ich würde mir allgemein für die Frauen wünschen, daß sie gerade während dieser Osterzeit den Glauben der Auferstehung und die Auferstehungskraft persönlich kennenlernen. Dadurch kommt etwas in Bewegung, und wenn sich auch Institutionen nicht von einem Jahr zum nächsten ändern, so können wir doch dort, wo wir sind, anfangen. Das wäre eigentlich auch mein Osterwunsch an die Frauen, daß wir unsere Gaben aus der Beziehung zu Jesus Christus heraus einsetzen.

FRAU MEYER: Frau Luther, was haben Frauen beizutragen?

FRAU LUTHER: Ich denke, daß Frauen sich stärker prüfen sollten: wer bin ich. Und daß sie aus diesem neuen Glauben heraus, wie immer er sich für jede persönlich zeigt, den Mut bekommen, an Veränderung zu glauben. Weiter wünsche ich mir, daß Frauen vermehrt von diesem Sprungbrett ins kalte Wasser springen, um herauszufinden, was dann passiert. Ich denke immer wieder, daß die Frauen zu ängstlich sind.

FRAU MEYER: Ich denke, das ist ein schönes Schlußwort: Frauen sind zu ängstlich. Aber wir hoffen natürlich, daß sich das gelegentlich ändern wird. An diesem Punkt sind wir uns sicher einig: Der Glaube, die Religion soll uns im Leben helfen und sollte auch praktische Auswirkungen haben. Aber in den Details, wie das dann aussehen soll, gehen die Meinungen auseinander. Das ist in der Religion nicht anders als in allen anderen Fragen, und das macht sie ja auch so spannend.

Aus der Fülle der geschriebenen Artikel eine kleine Auswahl der Überschriften auf der folgenden Seite.

Diskussionsforum für Lebens- und Glaubensfragen

Zweites Frühstückstreffen für Frauen

Nach dem zweiten «Frühstückstreffen von Frauen für Frauen» am vergangenen Samstag morgen — das erste fand im September in Oerlikon statt — dürften auch die letzten ursprüngl... der Initiantinnen, ob eine solche Veranstaltung überhaupt einem ... Frauen verschiedener Altersstufen aus ... Treffen ins Hotel Spirgarten in ...

Überkonfessionelles Frauentreffen: «Ich bin nun mal so»

Sti. Wieder war der grosse Saal im Hotel «Chur» gedrängt voller Frauen jeden Lebensalters, die sich am letzten Samstag zum vierten Frühstückstreffen von Frauen für Fra... um unter Leitung von Agnes Wäfler [redacted] nachzudenken, sich zu [redacted] Heinz Zind[redacted]

Die Kraft der russischen Christen

(Leicht gekürztes Referat, das Tatjana Goritschewa am 24.1.1987 anlässlich des «Frühstückstreffens von Frauen für Frauen» in Muttenz gehalten hat.)

Nahrung für Herz und Seele

Drittes «Frühstückstreffen von Frauen für Frauen»

Frauen sollten nicht Sklavinnen, sondern Partnerinnen und Mitstreiterinnen der Männer sein. Diesen Appell richtete Sonja Sieber an rund 650 Frauen, die sich ... «Frühstückstreffen von Frauen für Frauen» ... wurden im verg... Forum zu schaff... den kann.

...mel aufsteigt, war seine ...ahrung. Heute ...orm für die ...sten: In die ...en und dann. ...grundes ...ung, ein ...ist ein Wun...er sind auch ...iben Angst ...wegen ...nt, besonders ...o alles so gut

Der Sinn von Krisen im Leben

Drittes Frühstückstreffen der Frauen mit gut 200 Teilnehmerinnen

Überw...

K. R. Für das Hotel Internation... Platzgründen – der Frauen Platz – über Wie die Initiantin ...

Singen dw. Zu einer beständigen Einrichtung werden zu können scheint das Frühstückstreffen der Frauen, das am Samstag bereits zum dritten Male stattfand. Dabei wächst die Zahl der Frauen, die das Treffen besuchen, weiter an: Von rund einhundert beim ersten Treffen im vergangenen Herbst auf nun fast die doppelte Zahl. Im Mittelpunkt des dritten Frühstückstreffens stand ein Referat von ...

„Derjenige, der an nichts glaubt, glaubt an alles"

Eckart Flöther referierte vor 400 Frauen beim überkonfessionellen Frühstückstreffen

...ßen (bk). 13 ganz „normale" Frauen eines Vorbereitungsteams luden ihre ...schlechtsgenossinnen zum überkonfessionellen Frühstückstreffen ein. Un... ...ne Assoziationen wie „Kaffeeklatschatmosphäre" oder „Emanz..." ...en zwar vielleicht naheliegen, entbehren ... ...uen fanden am Sams... vierten Veran... ...s nicht nur f... ...m beruht auf de... ...he, einen Geda... ... wurde in zw... ...nal der Mut be... ...en zu stellen u... Interessante ...u die Ausführ... ...her unter dem ...m Guru – Chris... ...che Religioner ...eifelsohne ein... ...n Gast vermo... ...bereitungstea... ...nes Forum zu ...her aus Gauti... ...ningsmanager Publizist und J... ...arbeiter beim „... ...r z.B. für eine ... weiß, wovon e... ...iger Bhagwan-... ...mittelte er Fak... Betroffenen. Sei... Nachdruck vo... ...g vor „der Missio... ...s durch einen öst... ...s und Okkultismu...

einer neuen Weltordnung seien in den Medien ebenso wie in vielen helfenden ... nach Mitmenschlich... ...it und Schutz in der Aufbruchs komme ...lich zugute. Depres... ...ationskrankheiten ...n offenes Ohr für ...ien, das im we... ...enden Ideen ge... als Schöpfer ge... ...glich als Energie ...nt. Dies bedingt

stellungen an Gott als dem Schö... orientiere und drittens den östlic... Mystizismus. Hiernach besteht ... Grund allen Seins im Kosmos. Ziel ... Menschen ist es, völlig „leer" in d... Art des göttlichen Seins einzut... Doch was als Spiritualis... ...s de... ...riert werde, entspreche im Gru... nur einer Ablehnung jeglicher Ver... ...wortung, der Aufhebung der ... Grenzen und somit einer totalen ... ...persönlichung. Selbstbewußtsein werde zum G... ...penbewußtsein, freie, echte Liebe ... Kennzeichen des Leber... ...r konditionierten Liebe. Logos und der Ratio im w... ...nken werde im Osten a... ...unsten des emotionalen... ...iglich nur die Wahl, en... ...geben und mit ... ...erden oder die e... zu leben. Als ...züberschreite... ...ten nach O... ...d die Faszi... wie die spa... ...t hat, bek... ..., im chr... bezie... ...nts gla... ...ß wisser...

Eine Institution, die vielen Frauen Mut macht

400 Teilnehmerinnen beim „Frauenfrühstück"

Gießen (V). Das Frauenfrühstück in Gießen ist inzwischen schon zu einer guten Tradition geworden. Es soll „ein Ort sein, an dem jede Frau ermutigt wird", sagte die Mitveranstalterin. ... Frauen mit sehr unterschiedlichem Hintergrund ... dem Frausein in dieser Gesellschaft, F... der Kindererziehung ... den Glauben. Zur... auch ein Ort, an ... scheint.

Ein neues Bewußtsein der Frau

120 Teilnehmerinnen beim ersten „Frühstückstreffens der Frauen"

Singen dw. Über einen großen Erfolg ihres ersten „Frühstückstreffens für Frauen" können sich die Singener Veranstalt... Berichtes, habe ihr in den letzten Jahren eine verstärkte Hinwendung zum Glauben und

Frühstückstreffen für Frauen wird zur ständigen Einrichtung

Zwangloses Gespräch und Erfahrungsaustausch auf der Tagesordnung

Gießen (bk). „Man sieht nur mit dem Herzen gut. Das Wesentliche ist für die Augen unsichtbar." – Das „Geheimnis", das einst der Fuchs Saint-Exupéry's „Kleinem Prinzen" verriet, diente dem Vorbereitungsteam als eine Art Leitmotiv für das zweite Frühstückstreffen für Frauen. Am Samstagvormittag im vollbesetzten Kleinen Saal der Kongreßhalle traf man sich beim Morgenkaffee zum zwanglosen Gespräch und Erfahrungsaustausch. „Wie werde ich mit meinen Gefühlsschwankungen fertig?" lautete der Titel eines engagierten Vortrags von Dr. Charlotte Bruderer-Fuchs, einer Schweizer psychotherapeutischen Ärztin.

Das gute Echo von seiten der „weiblichen Wesen" auf ein erstes Treffen im Mai zum Thema „Emanzipation und Selbstannahme" hatte die Organisatorinnen dazu ermutigt, das morgendliche Gespräch zu einer festen Einrichtung werden zu lassen. Die Leiterin des Vorbereitungsteams Lilli Bosch – eines Kreises von zwölf Berufstätigen und Hausfrauen, verheiratet oder alleinstehend – verdeutlichte ihr Anliegen: Man möchte als Partnerinnen und nicht als Konkurrentinnen über Lebens- und Glaubensfragen ins Gespräch kommen. Die christliche Grundhaltung ist dabei die eigentliche

weiligen Fachreferentin auch weiteren Frauen Gelegenheit, mit persönlichen Erfahrungen zu Wort zu kommen. Am Samstag gab beispielsweise Adelheid Hunaeus eine ausführliche Selbstdarstellung, die dazu beitragen sollte, gleiche oder ähnlich gelagerte Probleme gemeinsam angehen zu können.

Nicht als Patentrezept, sondern als Anregung zur richtigen Handhabung des eigenen Selbsts war auch der Vortrag der Schweizer Ärztin Dr. Charlotte Bruderer-Fuchs – sie hat eine medizinische und psychiatrische Ausbildung aufzuweisen – über Gefühls-

ter die Lupe zu nehmen. Frißt der introvertierte Mensch vermutlich den Ärger in sich hinein, kommt es beim extrovertierten Menschen oft zu Überreaktionen. Für beide Verhaltensweisen benannte die Referentin Beispiele aus der Bibel. Doch auch bei zur Schau gestellter Souveränität benötigt der Betroffene einen enormen Energieaufwand.

Das Grundproblem, das den Menschen hindere, mit solchem Ärger fertig zu werden, liege in einem Mangel an Annahme, Wertschätzung, Geborgenheit – am Verlust des Gefühls geliebt zu werden.

Das Leistungsprinzip jedenfalls sei eine Sackgasse, die zur nötigen Annahme (und Selbstannahme) nicht führen könne. Für die richtige „Handhabung" sehe sie auf rein menschlicher Ebene keine Lösung – auch Methoden der Psychoanalyse nach Freud müßten hier versagen –, vielmehr komme es

Ich war erstaunt über die große Zahl von Frauen ...

Interview mit ***Frau Dr. Veronica Carstens,*** *der Frau des Altbundespräsidenten Dr. Karl Carstens, Februar 1987*

Frau Dr. Carstens, Sie haben zum ersten Mal Ende 1983 von den Frühstücks-Treffen gehört, als ich Sie als Referentin nach Zürich eingeladen habe. Sie haben damals schon in Ihrem Brief ausgedrückt, daß Sie diese Arbeit unterstützen. Inzwischen haben Sie nun im September 1986 einen Vortrag beim Frühstücks-Treffen in Stuttgart gehalten. Können Sie kurz Ihre Eindrücke schildern?

FRAU DR. CARSTENS: *Ich war erstaunt über die unerwartet große Zahl von Frauen, die sich dort am Samstag vormittag trafen. Als ich ankam, war das Frühstück gerade beendet. Etwa 700 Frauen unterhielten sich an langen Tischen so lebhaft, daß mir ein Vortrag fast überflüssig erschien, denn die Stimmung war bestens und an Themen kein Mangel.*

Als dann aber meine Vorrednerin anfing zu sprechen, war sofort tiefe Stille, und alle hörten konzentriert zu. Der Bericht dieser Frau, die zu ihren eigenen Kindern ein fremdes, verhaltensgestörtes Kind aufnahm und die Kraft für diese Aufgabe nur durch den Glauben an Gottes Hilfe erhielt, ging uns allen sehr nahe. Die Wahrhaftigkeit und Schlichtheit des Bekenntnisses überzeugten. Auch meinem Vortrag wurde mit großem Interesse zugehört, und anschließend mußte ich viele Fragen beantworten. Ich hatte den Eindruck, hier kamen offene, aufgeschlossene und geistig lebendige Frauen zusammen, die mit Toleranz dem anderen zuzuhören vermochten.

In Bonn fanden sich zum zweiten Frühstücks-Treffen 400 Frauen ein, nachdem beim ersten 270 anwesend waren. Wie erklären Sie sich das große Interesse von Frauen an Lebens- und Glaubensfragen?

FRAU DR. CARSTENS: *Leider benutzen heute viele Pfarrer die Kanzel, um über politische und soziale Fragen zu sprechen. Der Gottesdienst ist nicht genügend herausgehoben aus dem Alltag, ihm fehlt oft ganz die transzendente Dimension.*

Wer hat heute noch Zeit zuzuhören, wenn ein Mensch sein Herz ausschüttet, sich die Sorgen von der Seele reden möchte? Im tiefsten Inneren suchen viele einen anderen Menschen und fühlen sich einsam oder erkennen gar, daß noch ein viel tieferer Wunsch unerfüllt geblieben ist – es ist die Sehnsucht nach Gottes Nähe. Vermutlich sind es solche Gründe, die so viele Frauen herbeiströmen lassen.

Die Initiative der Frühstücks-Treffen ist von Frauen ausgegangen. Über die verschiedenen Rollen der Frau in der heutigen Gesellschaft ist schon viel geschrieben worden. Das Spannungsfeld ist groß: Da sind die Feministinnen, die Berufstätigen, die Karrierefrauen, dann die »Nur«-Hausfrauen und Mütter.

Welche Rolle kommt Ihrer Meinung nach der Frau in der heutigen Zeit zu?

FRAU DR. CARSTENS: *In der modernen Welt breiten sich Hektik, Mechanisierung, Unpersönlichkeit, Erfolgsdenken immer mehr aus. Wir Frauen sollten versuchen, über die Aufgabe, die uns jeweils gestellt ist, hinaus, etwas mehr Freundlichkeit und Wärme, mehr Menschlichkeit in unsere Gesellschaft zu bringen, im Gegenüber auch den Menschen mit seinen Nöten und Schwächen zu erkennen und zu verstehen.*

Weshalb finden Sie es wichtig, daß Frauen aktiv werden, sich für andere Menschen engagieren?

FRAU DR. CARSTENS: *Weil Frauen die Probleme anders*

sehen als Männer, oft praktischer sind und vom Gefühl her handeln – dadurch manchmal instinktiv die richtigere Lösung finden und insgesamt, wenn sie mit Männern zusammenarbeiten, eine sehr glückliche Ergänzung für diese sind.

Sie setzen sich als Ärztin seit einiger Zeit stark für eine ganzheitliche Medizin ein. Warum ist Ihnen das so wichtig?

FRAU DR. CARSTENS: *Körper, Geist und Seele sind eine Einheit. Leidet der eine Bereich, wird auch der andere davon betroffen. Seelische oder geistige Störungen können krank machen, aber Krankheit kann auch die Seele verändern. Auch im Körperlichen selbst bestehen untereinander enge Beziehungen. Wenn wir nicht all dies miteinbeziehen, bleibt unser medizinisches Handeln Flickwerk.*

Ein Ziel der Frühstücks-Treffen ist es, den christlichen Glauben in heute verständlicher Form, im Alltagsbezug, weiterzugeben. Bereits zur Zeit, als Ihr Mann noch Bundespräsident war, haben Sie sich beide wiederholt in der Öffentlichkeit zum christlichen Glauben bekannt. Welche Erfahrungen haben Sie beide dabei gemacht?

FRAU DR. CARSTENS: *Wir stellten immer wieder mit Erstaunen fest, daß gespannte Stille herrschte, sobald man über Fragen des Glaubens sprach. Es schien die Menschen fast am meisten zu interessieren. Als ich einmal vor 600 schwerkranken MS-Patienten deren Fragen beantworten sollte und dabei unvermittelt auf den Glauben kam, der manchmal der letzte Ausweg aus unserem Unglück ist, uns Trost und Hilfe bietet, war das Echo groß. Mit Tränen in den Augen kam hinterher ein junger Mann auf mich zu und sagte: »Warum hören wir das nicht öfter? So etwas brauchen wir mehr als alles andere.« Auch mein Mann sagt mir häufig: »Als ich gestern im Vortrag über Glaubensfragen sprach, wurde es plötzlich totenstill, dieser Teil meiner Rede schien das allergrößte Interesse geweckt zu haben.«*

Fällt es Ihnen und Ihrem Mann heute leichter, über Ihren Glauben zu reden als während der Amtszeit?

FRAU DR. CARSTENS: *Eigentlich wurden wir erst durch die Amtszeit motiviert, über solche Themen zu sprechen, weil wir besonders viel mit Menschen zusammenkamen, die vom Schicksal schwer geschlagen waren, und in solchen Situationen blasse Worte nichts hätten bewirken können.*

Ihr Mann sagte einmal in einer Fernsehdiskussion: »Wir Christen sollten weniger streiten, dafür mehr beten!« Welchen Stellenwert hat für Sie das Gebet?

FRAU DR. CARSTENS: *Das Gebet befreit, beruhigt, ermutigt, schenkt ungeahnte Kräfte. Ich hörte einmal das schöne Wort: »Das Gebet ist der Riegel vor der Nacht und das Tor zum Tag«, d. h. es bringt Ruhe, wenn Gedanken und Ängste uns den Schlaf rauben wollen und gibt Selbstvertrauen und Mut für den beginnenden Tag.*

Sehen Sie bei den Frühstücks-Treffen auch soziale Aspekte?

FRAU DR. CARSTENS: *Beim Frühstücks-Treffen gibt es viel Gelegenheit, voneinander zu hören, die Nöte der anderen zu erfahren. Ich könnte mir vorstellen, daß wie von selbst auch gegenseitige Hilfe daraus entstehen wird – vielleicht einfach nur dadurch, daß man sich verstanden fühlt, vielleicht aber auch durch weitergehende, ganz einfach praktische Hilfe für den anderen, der möglicherweise in Not ist.*

Welchen Stellenwert hat eine Gesprächsgruppe, in der Frauen über ihre Fragen und Probleme sprechen können, aus der Sicht einer Ärztin?

FRAU DR. CARSTENS: *Es gibt heute sehr viele einsame Menschen. Besonders erlebe ich das bei unheilbar Kranken, die nicht wagen, ihre Umgebung mit ihren Sorgen zu belasten. Sie schließen sich ab, wodurch die Last ihrer Leiden noch größer wird. Nichts brauchen sie so sehr wie das Gespräch. Heute wissen wir, daß selbst bei der größten Geißel unserer Zeit, der Krebskrankheit, seelische Ursachen mit an erster Stelle stehen. Deshalb muß die psychische Situation auch in die Heilung miteingeschlossen werden. Dabei denke ich weniger an eine moderne Psychotherapie als an eine warmherzige Teilnahme von Mensch zu Mensch und an die Ermutigung, im gemeinsamen Glauben und Beten Kraft und Trost zu finden.*

Kürzlich sagte mir eine Frau, sie brauche den Glauben an Gott nicht, der wäre nur für Leute, die ohne einen Halt nicht leben könnten, sie käme gut selbst zurecht. Was würden Sie auf eine solche Feststellung antworten?

FRAU DR. CARSTENS: *Ich würde ihr antworten, daß das Leben voller Überraschungen ist und daß sie vielleicht morgen schon von einem unerwarteten Ereignis betroffen werden könne, das ihr Leben plötzlich völlig verändert. Ich denke da z. B. an den Sohn eines norwegischen Pfarrers, der von den Deutschen ins Gefängnis geworfen und grausam behandelt wurde. Allein gelassen in der Zelle hatte er nur einen Wunsch: in der Bibel lesen zu können. Denn er wußte, nur dadurch könnte er die schreckliche Situation ertragen. Bisher hatte er über die Christen gelacht und wollte nichts mit der Botschaft Gottes zu tun haben. Jetzt wünschte er, daß ihm wenigstens einige Sätze aus diesem kostbaren Buch eingefallen wären, um sich an ihnen festhalten zu können, aber nichts war davon in seinem Gedächtnis festgehalten.*

Auf der anderen Seite erzählen deutsche Soldaten, die in russischer Kriegsgefangenschaft Jahre verbracht haben, wie ihnen z. B. der 23. Psalm immer wieder Kraft zum

Durchhalten gegeben habe, gerade die erste Zeile »Der Herr ist mein Hirte« und ein späterer Vers »Und ob ich schon wanderte im finstern Tal, fürchte ich kein Unglück; denn du bist bei mir, dein Stecken und Stab trösten mich«. Solche Gebete, die über dreitausend Jahre alt sind, haben heute die gleiche Macht wie ehedem.

Abschließend noch eine etwas persönliche Frage: Was heißt für Sie Christsein im Alltag?

FRAU DR. CARSTENS: *Sich immer in der Nähe Gottes fühlen, auf seine Stimme hören, wach sein und bereit, sich führen zu lassen. Wir werden dann seine Ermutigung, seinen Trost und seinen Schutz erleben; und wenn wir am Abend feststellen müssen, daß wir so manches falsch gemacht haben, werden wir auch erfahren, daß Gott uns vergibt – immer wieder vergibt und uns seine väterliche Liebe fühlen läßt. Ohne die Liebe Gottes ist es meines Erachtens gar nicht möglich, ein wirklich glücklicher Mensch zu werden.*

Herzlichen Dank, Frau Dr. Carstens, für das wertvolle Gespräch.

Sag mir, wo die Männer sind…

Heute ist Silvester. Während ich diese Zeilen schreibe, fährt mein Mann mit unseren Kindern in Klosters Ski. Arbeitsteilung nennt man das! Ich bin froh, einige Stunden ungestörten Arbeitens zu haben. Ich genieße Gastrecht in einem Büro in Chur – und noch vor drei Wochen wußten wir nicht, ob wir überhaupt zu Skiferien kommen würden. Nun erleben wir eine Gastfreundschaft, wie sie nicht besser sein könnte! Wir wohnen im Haus von Familie Tanner, die wir nicht einmal persönlich kennen. Von Frau Tanner weiß ich nur, daß sie eine Frauengesprächsgruppe leitet und die Arbeitsblätter aus meinem Buch dazu benützt. Eine Karte hatte auf dem Tisch gelegen mit den Worten: »…Im Keller können Sie Konfitüre holen und im Gefrierschrank Gemüse, Beeren und Früchte. Wir sind dieses Jahr reich gesegnet worden und teilen gerne… Nun wünschen wir Ihnen schöne Ferien!« Dazu stand eine Büchse »Guetzli« (Plätzchen) und eine gute Flasche Wein auf dem Tisch.

Und während wir die herrliche Bergluft und den Schnee genießen, denke ich darüber nach, was die Männer in der Arbeit der Frühstücks-Treffen zu sagen haben.

Bevor sie selber zu Wort kommen, einige kleine Geschichten. In Zürich kursiert der Witz:

MANN: *Was gibt es denn morgen zu essen?*

FRAU: *Ich dachte an Ravioli.*

MANN: *Ach so, du gehst wieder mal zu einem Frühstücks-Treffen!*

Eine Mitarbeiterin in Zürich erzählte: »Am letzten Frühstücks-Treffen habe ich eine Bekannte getroffen, die ich lange nicht gesehen habe. ›Wie kommst denn du hierher?‹ fragte ich sie. ›Ach, mein Mann hat mich unten in der Parkgarage zum Lift begleitet und den Knopf gedrückt – er war so überzeugt, daß ich teilnehmen müßte!‹ – Ich fand später zu Hause heraus, daß mein Mann kürzlich ihren Mann getroffen hatte. Der erzählte, seine Frau sei mit den vier kleinen Kindern einfach überfordert und habe mit Depressionen zu kämpfen. Spontan reagierte mein Mann: ›Schick sie doch zu einem Frühstücks-Treffen.‹ – Und nun war sie da, weil ihr Mann den Knopf am Lift gedrückt hatte!«

Nun aber haben die Männer das Wort …ein Referent

(Auszug aus dem Buch von Peter Hahne »passiert, notiert«)

Samstag, 4. Mai

Viel zu früh wache ich auf. Vor meinem Hotelfenster in Bern wird ein Flohmarkt aufgebaut. Das Wetter läßt darauf schließen, daß sich die Mühe lohnt. Blauer Himmel und strahlender Sonnenschein haben das naßkalte »Aprilwetter « verdrängt. Ich freue mich auf einen Tag in Bern. Und auf ein besonderes Ereignis, zu dem ich angereist bin. Vor drei Jahren haben Schweizer Frauen eine vorbildliche Initiative gegründet: »Frühstücks-Treffen von Frauen für Frauen«. In den großen Städten des Landes laden christliche Frauen vierteljährlich an einem Samstagmorgen in ein Hotel ein, wo gemeinsam gegessen wird, mit anschließendem Vortrag über aktuelle Themen mit christlichem Hintergrund. Eine »Marktlücke«. 1500 Frauen besuchen das Berner Frühstücks-Treffen, das in dem herrlich gelegenen Kursaal stattfindet. Ich bin schon ganz aufgeregt. Hunderte von Vorträgen habe ich bereits gehalten. Aber ein solch »spezielles« Publikum hatte ich noch nie. Werde ich überhaupt den richtigen Ton treffen? Das Thema klingt geradezu revolutionär: »Die Frau im Spannungsfeld zwischen Manipulation und Freiheit.«

Frau Stücklin, die Leiterin, begrüßt mich herzlich. An meinem Tisch sitzen Journalistinnen. Die Redakteurin des »Berner Bund« meint: »Es ist doch erstaunlich, wie überaus groß das Interesse für solche Themen ist. Und dann meint man, mit dem Glauben könne man niemanden mehr hinter dem Ofen hervorlocken.« Ich wünschte mir eigentlich, meine Kollegen würden viel stärker zu dieser Erkenntnis kommen. Und vor allem auch solchen Veranstaltungen mindestens dieselbe Aufmerksamkeit widmen wie einer 50-Frauen-Demonstration für die Abtreibung. Ich danke den Kolleginnen an meinem Tisch.

Das Frühstück wird durch klassische Tafelmusik untermalt. Flügel und Querflöte. Dann kommt die Stunde der Wahrheit: »Wir begrüßen den ersten männlichen Redner, der je hier zu uns gesprochen hat und bitten ihn um seinen Vortrag.« Ich betrete die riesige angestrahlte Bühne, auf der sich die Scheinwerfer im blanken Parkettboden spiegeln. Mitten darauf – nackt und einsam – das Pult. Wenigstens stabil genug, um sich festzuhalten, so mein erster Gedanke. Hunderte von kleinen, dichtbesetzten Tischen im Saal und auf der weit ausladenden Empore. Und in der Tat: Das einzige männliche Wesen, außer mir, ist der Mann am Mischpult der Technik.

Meine Anfangsbemerkungen schaffen eine Brücke zu den Anwesenden, machen mich ruhiger und die Atmosphäre gelöst. Ich erinnere an ein Bankett, bei dem ich letztes Jahr in Bern gesprochen hatte. Dort bekam ich ein Päckchen. Der Begleitbrief verriet, daß man bereits von meiner Zusage für den 4. Mai wußte. »Da das Publikum ausschließlich aus Frauen besteht, empfehlen wir Ihnen, sich rechtzeitig und langfristig vorbereitend zu stärken. Dazu möge Ihnen beiliegendes Produkt helfen.« Und was ich auspackte, das war eine Dose Ovomaltine.

Längere Zeit befasse ich mich mit dem Rollenbild der Frau in den zeitgenössischen Medien. Ist das wirklich die Frau, wie sie heute existiert, ja wie wir sie uns wünschen? Oder wird uns nicht vielmehr eine Rolle aufgezwungen, der so viele sich unkritisch ergeben? Ist es nicht bezeichnend, wenn bei Vorstellungen von Berufen so viele Frauen sagen: Ich bin »nur« Hausfrau? Ich streife auch die manipulativen Begriffe einer gigantischen Desinformationsbewegung, die uns mit positiven Etiketten negativen Inhalt schmackhaft machen will. All diese »Selbst-Worte«: Selbstbefreiung, Selbstverwirklichung, Selbstfindung... Hat Viktor E. Frankl nicht recht, wenn er Selbstverwirklichung als übersteigerten Egoismus entlarvt?! Nur hört sich das Modewort halt besser an...

Als Christ betone ich sehr deutlich, daß die letzte Befreiung von Anfälligkeit für jede Manipulation allein in der Freiheit des Evangeliums liegt.

Geschafft! Ein herzlicher, lang anhaltender und immer wieder auflebender Beifall begleitet mich an meinen Platz zurück. Wie ein Bienenschwarm ist jetzt die Akustik. Genug Zündstoff zu eifrigen Gesprächen an den Tischen. Mir wird plötzlich bewußt, welche Segensströme durch diese Frauen ins Land hinein gehen. Letztlich sind es ja 1500 Familien, Verwandtschaften, Nachbarschaften und Freundschaften, die informiert, ja vielleicht »angesteckt« werden. Mir fällt der Satz einer Frau ein: »Was kann ich kleine Nur-Hausfrau denn schon ausrichten?« Unendlich viel! Das beweist dieser Morgen. Frauen-Frühstücks-Treffen als Möglichkeit, das Evangelium zu bezeugen. Eine Initiative, die auch in Deutschland Schule machen wird.

... ein Liedermacher

Bericht von Manfred Siebald

Eigentlich kam die Anfrage von Ben und Barbara Jakob, ob ich ihre Vorträge am Frühstücks-Treffen in Basel mit meinen Liedern umrahmen könnte, viel zu spät. Aber es ließ sich dann doch noch einrichten. Am Sonntag war ein Konzert im Schwarzwald geplant, und ob wir jetzt schon ein bißchen früher Richtung Süden fahren würden, spielte auch keine Rolle. Außerdem war für Unterkunft für meine Frau Christine und auch unseren Benjamin gesorgt.

Nicht nur das – auch der Anlaß interessierte mich. Ein Abendvortrag »Kommunikation – Problem Nr. 1 in der Ehe« und ein Frühstück »Selbstannahme und zwischenmenschliche Beziehungen« waren geplant. Gerade das erste Thema beschäftigte uns in der letzten Zeit zunehmend, gingen doch in unserem Bekanntenkreis einige Ehen auseinander, mit den damit zusammenhängenden Schmerzen und Nöten. – Und in Basel, so wurde mir gesagt, könnten die Frauen nun zum ersten Mal ihre Männer mitbringen, nachdem sie selber die Frühstücks-Treffen vielleicht schon öfter besucht hatten. Ich war also sehr gespannt. Wieviel Leute würden sich überhaupt zu so einem Thema in dem Kongreßzentrum einfinden?

Freitag abend, fast 20 Uhr. Der Saal ist schon bald voll. Überraschenderweise müssen noch einige Tische gedeckt werden, es kommen mehr Leute, als sich angemeldet haben. 420 Personen sind es, meistens Paare. Wie wichtig wird es sein, daß sie von Gott und seiner Vorstellung von Ehe, von dem Fundament seiner Liebe hören. Nach der Begrüßung eröffne ich mit einem Lied. Ich singe »Alles auf seine Weise« (dies ist auch der Titel der neuen Langspielplatte von Manfred Siebald, die im Hänssler-Verlag, Stuttgart, erhältlich ist, Anmerkung der Autorin), dann spielen Ben und Barbara in einem Sketch vor, was alles in der Kommunikation schiefgehen kann. Ich nehme das Gelächter des Publikums mit einem humorvollen Lied auf; dann folgt eine ernstere »Szene einer Ehe«, in der beide Partner kaum noch reden, und wenn sie es tun, nur aneinander vorbei. Ich spüre die fast gedrückte Stimmung, die von diesem Sketch auf die Leute übergeht. Ob sich wohl viele, allzu viele, wiedererkannt haben? Ich versuche, mit einem Lied eine Antwort zu geben:

Wer liebt dich, nach Abzug deiner Stärken?
Wer liebt dich, auch wenn du nicht mehr funktionierst?
Wer jubelt einfach, weil du da bist?
sei's auch nur als stummer Gast,
wer fragt nicht erst, was du weißt
und was du kannst und was du hast?
Wer liebt dich?

Sie lieben deine gute Laune,
bei deinen Witzen biegt die Menge sich.
Bei jedem Fest sind sie willkommen, deine Sprüche –
doch wer liebt dich?
An dir liebt man die schönen Augen,
und deinen Teint nennt man untadelig.
Dein Aussehn erntet viele Blicke und Komplimente –
doch wer liebt dich?

Und hast du eine oder einen,
der hinter deine besten Seiten sieht
und der noch liebt, was er da findet, dann freu dich drüber –
ich freu mich mit.
Und danke Gott für solche Menschen;
an ihnen merkst du, wie er selber ist.
Er läßt dich seine Liebe spüren, gerade dann, wenn du am Boden bist.

Gott hat dich lange schon ins Herz geschlossen,
auch wenn du ihm nichts vorzuweisen hast.
Lud nicht sein Sohn sich deine Schulden auf,
und starb er nicht daran?
Lädt er nicht die Armen ein,
damit er sie beschenken kann?
Er liebt dich.

Im nun folgenden Vortrag gehen Ben und Barbara auf die Hindernisse im Gespräch mit dem Partner ein – und geben die Antwort aus dem Leben als Christ. Nur dann, wenn Christus das Fundament der Ehe ist, wenn Gott im Mittelpunkt steht, ist eine Ehe lebensfähig. Dann hält das Fundament.

Auch das Frühstück am nächsten Morgen ist gut besucht. Wiederum sind viele Männer anwesend, und den gebrauchten Aschenbechern nach zu urteilen, recht viele, die sich hier wohlfühlen.

Ich bin dankbar für diese Treffen, denn hier passiert, was man sich als Sänger eigentlich in jedem Konzert wünscht: die Lieder werden nicht nur »konsumiert«, sondern als Gesprächsbeitrag aufgefaßt. Sie sind eingebunden in die Unterhaltung an den Tischen, und die Gäste haben Gelegenheit, die Antworten zu geben, zu denen sie herausgefordert werden.

Dankbar bin ich auch für die bunte Vielfalt dieser Gäste. Viele machen den Eindruck, als würden sie von sich aus den Weg in eine Kirche nicht wagen. In dieser für sie natürlicheren Caféhaus-Atmosphäre aber lassen sie sich auf die wichtigsten Dinge des Lebens ansprechen. Oft hören diese Menschen zum ersten Mal, daß Gott uns liebt und sich danach sehnt, eine persönliche Beziehung mit jedem von uns zu haben, daß er auf unsere Antwort wartet. Gott möchte auch nicht, daß wir »auf einer Insel« leben, sondern daß wir den anderen, den Mitmenschen kennen- und sogar liebenlernen und einander helfen, unsere Lasten zu tragen. So steht es im Neuen Testament, und deshalb habe ich in Basel gesungen:

Ein jeder trage die Last des andern,
so wie es Jesus geboten hat.
Ein jeder trage die Last des andern,
so wie es Jesus für jeden tat.

Lasten gibt es genug, jeder trägt sein Paket
von den Sorgen und Ängsten der Zeit.
Es gibt Arbeit, die über die Kräfte geht,
es gibt Schuld, Haß und Lieblosigkeit.

Keiner ist da zu schwach und zu ungeschickt,
denn wer immer es will, der stellt fest:
Auch der Schwächste kann tragen, was andere bedrückt,
wenn er selbst sich von Gott tragen läßt.

... als »Mann der Frau«

»Ach, sind Sie der Mann von Barbara Jakob, die die Frühstücks-Treffen organisiert?« Diese Frage bekam ich öfter zu hören, vor allem natürlich, als wir noch in der Schweiz wohnten. Oder dann meinten Freunde: »Ist es nicht schwierig für dich, eher im Hintergrund zu stehen?« – Nein, das war es nicht! Ich freute mich von Herzen über den Mut von Barbara und all den anderen Frauen, etwas zu wagen, Risikofreudigkeit zu zeigen. Natürlich bedingt die außerhäusliche Aktivität der eigenen Frau vermehrtes Verständnis von seiten des Mannes. Da ist es oft nicht immer so aufgeräumt, wie ich es gerne hätte; meine Frau ist manchmal zu müde, um bei meinen Aktivitäten mitdenken zu können; Bügelwäsche türmt sich im Korb...

Aber all dies fällt nicht ins Gewicht, wenn ich dafür an

die Befriedigung denke, die all diese Frauen durch ihre Mitarbeit bei den Frühstücks-Treffen erleben. Gerade in unserer unpersönlichen Welt ist es so wichtig, daß Freundschaften geknüpft, Gespräche gesucht und zwischenmenschliche Hilfe angeboten wird. Wir haben in den letzten Jahren ein sehr offenes Haus geführt und viele andere Familien wurden durch die Frauen auch dazu ermutigt. Natürlich ist manchmal viel los, aber sind es nicht gerade diese Beziehungen, die unser Leben reich machen?

Vielleicht noch ein kleines Erlebnis: Als ich zum letzten Mal den Wiederholungskurs der schweizerischen Armee absolvierte (wegen unseres Umzuges ins Ausland mußte ich danach alle meine Militärutensilien abgeben), überlegte ich lange, ob und wie ich »meinen« Soldaten etwas vom Glauben weitersagen könnte. Als Spielführer (Dirigent der Militärmusik) hätte ich dazu am ehesten nach der Sanitäts-Theorie, die mit zum Programm der Musiker gehörte, Gelegenheit. Aber wie anfangen? Es bereitete mir einige Kopfschmerzen ... Dann kam meine Chance. Der Armeearzt – im Range eines Hauptmannes – instruierte über die Möglichkeiten, verletzte Kämpfer länger am Leben zu erhalten. Der Anknüpfungspunkt schien günstig, ich könnte kurz etwas sagen über das Leben danach, wenn alle ärztlichen Maßnahmen versagen! Ich hoffte, der Armeearzt würde bald das Zimmer verlassen, damit ich meine Leute für mich alleine hätte ... Aber er schien besonders langsam seine Sachen einzupacken! Gedanken wie: »Was denkt der, wenn du den Soldaten etwas über den Glauben sagst? – Der kann dich verpfeifen und du landest in der ›Kiste‹ (Militärgefängnis)!« Trotzdem faßte ich mir ein Herz und erzählte meinen Leuten, daß es nicht nur wichtig sei, das Leben zu erhalten, sondern auch vorbereitet zu sein auf den Tod und das Leben danach. Ich verteilte allen eine kleine Broschüre mit dem Interview eines gläubigen Spitzensportlers, das ich anläßlich des Internationalen Leichtathletik-Meetings in Zürich einmal geführt hatte. Dann ließ ich die Soldaten gehen. Der Arzt war immer noch da... Er kam auf mich zu und meinte: »Herr Jakob, sind Sie der Mann von Barbara Jakob, die die Frühstücks-Treffen ins Leben gerufen hat?« Mir verschlug es fast die Sprache! Es stellte sich heraus, daß es ein gläubiger Arzt war, von dem ich schon öfter gehört, ihn aber nie persönlich getroffen hatte. Und meine Bedenken waren völlig umsonst gewesen...

Ja, für uns Männer ist es ebenfalls ein Abenteuer, diese Frühstücks-Treffen mitzuverfolgen – und seitdem einmal im Jahr die Treffen auch für uns zugänglich werden, sind wir nicht mehr ganz »ausgeschlossen«!

Jetzt gibt es inzwischen schon eine interessante Alternative – diesmal exklusiv für Männer...!

Gießener Dämmers

Neue Veranstaltungsreihe eröffnet – 50 G

Gießen (kos). „Männer haben's schwer – Männer nehmen's leicht", wa Thema des ersten Dämmerschoppens für Männer, zu dem sich am S abend etwa 50 Teilnehmer in der Gießener Kneipe „Zum Hawwerkaste fen.

Hintergrund dieser neuen Veranstaltungsreihe ist der Austausch über den

Sonntag war Ben Jakob, ein Volk

Dämmerschoppen für Männer

In Gießen haben sich einige Männer von aktiven »Frühstücks-Frauen« zusammengefunden, um über eine ähnliche, für Männer geeignete Treffpunkt-Möglichkeit zu diskutieren. Das erste Treffen fand im November 1986 in einer Gießener Kneipe statt.

Übrigens holten zwei Frauen ihre Männer nach dieser Veranstaltung ab. Ganz schüchtern wagten sie sich in die rauchige Kneipe. »Guten Abend, sind Sie Herr Jakob? – Wir wollten nur ganz schnell schauen, wie der Mann von Barbara Jakob aussieht, die kennen wir nämlich schon länger!« – Ja, wenn da einer keine Komplexe kriegt...?!

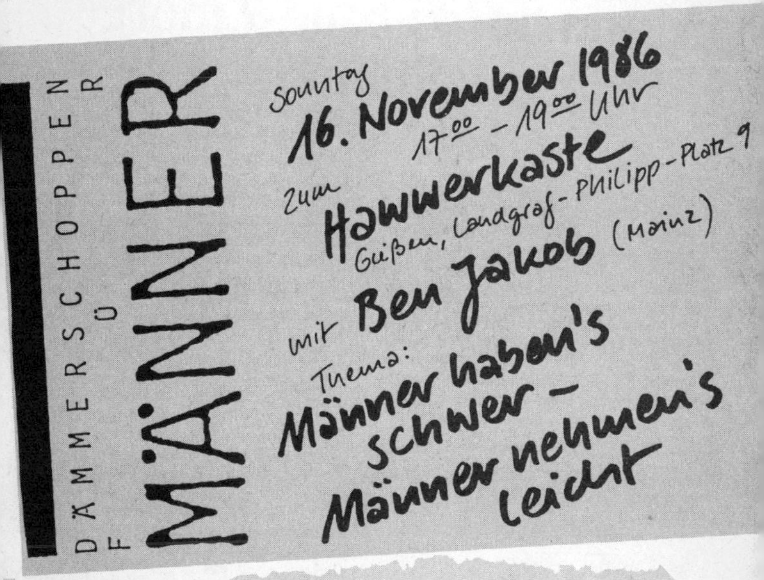

hoppen nur für Männer

e beim ersten Treffen – Referent war Ben Jacob

„Männer haben's schwer!" Das beleuchtete auch der Film von Hans Günther Ulmer. Interessante Ergebnisse vermittelte eine schriftliche Umfrage zum Thema. Jeweils drei Antworten konnten ...

Einsetzen wollen sich die Tei des ersten Gießener Dämme pens, die verschiedenen Relig meinschaften angehörten, fü heit, soziale Gerechtigk...

…ein Journalist

Der Bund | Bern, Montag 20. Januar 1986 | 137. Jahrgang Nr. 15

BERNaktuell

Immer grösseres Echo auf die Idee der Berner «Frühstückstreffen von Frauen für Frauen»: Am Samstag kamen 1200 Frauen in den Kursaal, 640 hatten keinen Platz

…und wenn man als Mann am «Froue-Zmorge» teilnimmt

Die Einladung ist nicht nur eine Einladung, sondern eine «herzliche Einladung». Auf jedem Tisch im Kursaal-Konzertsaal brennt eine Kerze. Und die Leute, die kommen, sind ausnahmslos Frauen. Fast ausnahmslos: Einige Kellner sind Männer (zum Beispiel Nicholas, der uns das Zmorge serviert), der Mann am Mischpult ist ein Mann, der Lehrer der singenden Schulklasse aus Thun ist ein Mann, der Referent ist ein Mann, und wir beide vom «Bund» – Fotograf hut. und ich – sind Männer. Männer unter 1200 Frauen.

★

Der Andrang zu den Berner «Frühstückstreffen für Frauen» werde immer grösser, erläutert uns Mit-Initiantin Gertrud Stücklin, Pfarrersfrau aus Ittigen. Man habe diesmal (bei diesem siebenten «Froue-Zmorge» im Berner Kursaal) leider Anmeldungen von 640 Frauen, die auch gerne gekommen wären, zurückweisen müssen. «Man» übrigens: Das ist eine überkonfessionelle lose Gruppe von Frauen, die vor knapp anderthalb Jahren «auf gut Glück» mit der Durchführung dieser «Frühstücks-Treffen zu Glaubens- und Lebensfragen von Frauen für Frauen» begonnen haben. Die Treffen (das steht auch auf der herzlichen Einladung) seien unverbindlich und in keiner Weise verpflichtend. «Wir», heisst es da, «werben keine Mitglieder und gehören verschiedenen Kirchen an.»

Von Walter Däpp (Text) und Hansueli Trachsel (Bilder)

★

Was ist es aber, das die Frauen in derart imposanten Scharen an diesen regelmässig stattfindenden «Froue-Zmorge» vereint? «Das gemeinsame Anliegen, den christlichen Glauben bewusster in unser Leben einzubeziehen», sagt eine. «Die Möglichkeit, in einer gemütlichen Atmosphäre einmal wirklich unter sich, unter Frauen, zu sein», sagt eine andere. Und eine dritte sagt: «Die Froue-Zmorge kommen meinem Bedürfnis entgegen, wieder einmal etwas ohne Mann und ohne Kinder zu tun. Für mich allein … unter anderen Frauen.»

★

Viele Frauen, bekomme ich als Mann an diesem Samstagmorgen auch zu hören, würden sonst (wenn auch Männer da wären) schweigen. Und die Männer reden lassen.

★

Ein Mann hat trotzdem das Wort: der

Redner. Diesmal spricht der Psychotherapeut Dr. Manfred Engeli, Vater von fünf Kindern, zum Thema «Von der Macht der Gedanken». Er tut dies mit engagierten und persönlich gefärbten Bezügen zur Bibel («die den Menschen genau kennt»). Er betont, dass Gedanken und Gefühle nicht einfach da sind, sondern dass sie gelenkt werden können. Dass die Erwartungshaltung eine Handlung beeinflussen kann. Er spricht von Tagträumen (mit denen man beispielsweise Enttäuschungen richtiggehend vorprogrammieren kann) und vom «Sorgenrucksack», den man sich unnötigerweise immer wieder aufzuladen pflege. Und er verkündet: «Ladet eure Sorgen ab auf Gott. Denn er sorgt für euch.»

An den Schluss seiner Ausführungen stellt er ein Gebet. Die 1200 Frauen hören aufmerksam zu. Und beten mit.

★

Auffallend: Es wird kaum geraucht im Saal, wohl weil man gegenseitig aufeinander Rücksicht nimmt (in einer vergleichbaren Männerrunde, wage ich als Mann zu behaupten, würde rücksichtslos gepafft). Auffallend auch, dass die meisten Frauen mit dem Tram, dem Bus oder zu Fuss zum Kursaal gekommen sind (mit den Männern kämen auch die Autos). Und auffallend wohl für die Kellner, die das Zmorge-Geschirr abräumen: dass es auf den meisten Tischen bereits fein säuberlich zusammengestellt ist, die Teller zu den Tellern, die Tassen zu den Tassen.

★

Der Kinderhütedienst, gibt Frau Stücklin bekannt, sei manchmal überfordert («diesmal sind 22 Kinder da, aber letztes Mal waren es rund 50»). Eine Frau, die sich beim Organisatorinnen-Tisch verabschiedet, meint: «Es isch interessant u guet gsii, so hei mers gärn: nid allzu frömmlerisch.»

Frau Altdorfer, die vorhin vor den 1200 Frauen ihr ganz persönliches Glaubensbekenntnis formuliert hat («die Freiheit, die Gottes Liebe schenkt, kann man nur selber erfahren»), sagt dazu: «Gewiss, die christliche Botschaft soll im Mittelpunkt dieser Frühstücks-Treffen sein. Aber man darf hier durchaus kritisch über das Christsein denken und über den Glauben diskutieren.»

★

Beim Ausgang kann man, auf Tonbandkassette, noch die Vorträge früherer Frühstückstreffen kaufen. Oder Bücher wie «Kinder sind wie ein Spiegel» oder «Meine Eltern sind in einem schwierigen Alter».

Auf einer Kommentarkarte kann man vermerken, ob man das Treffen als «sehr gut», «gut» oder «nicht ansprechend» empfunden hat. Offenbar wird es meistens als «sehr gut» eingestuft, denn die steigenden Teilnehmerinnenzahlen geben den Organisatorinnen zunehmend Probleme auf (voraussichtlich auf Herbst 1986 ist deshalb die Einführung von «Froue-Zmorge» auch in Thun geplant). Die Berner Kontaktadresse übrigens: Hedi Surbeck, Stockerenstrasse 14, 3065 Bolligen.

★

(Einen herzlichen Dank übrigens den 1200 Frauen, die das Eindringen von uns männlichen «Bund»-Berichterstattern am vergangenen Samstag mit beeindruckender Offenheit und ohne viel Aufhebens toleriert und unsere Schwellenangst verständnisvoll und freundlich gemindert haben. Beim nächsten Berner Frühstücks-Treffen, am 1. März, werden wir entsprechend verständnisvoll wieder draussen bleiben, wenn Barbara Jakob als Frau nun wirklich ungestört zu Frauen sollte sprechen können. Zum Thema: «Mit uns Frauen fängt alles an».)

Einmal im Jahr für Männer

»Wo gehst du da immer hin?« – »Kann ich nicht auch einmal mitkommen?« »Wieso immer nur für Frauen?« – Diese Wünsche von Männern haben an den meisten Orten die Trägerkreise veranlaßt, einmal im Jahr das Frühstücks-Treffen auch für Männer zu öffnen! Natürlich kommen dann Themen zur Sprache, die das starke Geschlecht auch ansprechen:

Gießener Allgemeine
11. November 1985

Gießener Anzeiger
11. November 1985

STADT GIESSEN

„Ehe und
Trainingsce

Erstmals auch Männer zum

Gießen (sl). „Über unter den Teppich gekehrte ... pern." Dieser Ausspruch war einer der Kernsät... und Erziehungsberater in Wuppertal zum Ther... zum besten gab. Dieser Vortrag war Hauptpu... stückstreffens der Frauen in der Kongreßhalle, ... gens endlich auch einmal die Männer geladen w...

AUS DER STADT GIESSEN

Die Ehe – ein Duett ode

Zum Frühstückstreffen der Frauen waren erstmals auch Eh

Gießen (ee). Das Frühstückstreffen, das am Samstag in der Kongreßhalle stattfand, machte eine Ausnahme zu den bisher veranstalteten Treffen: Aufgrund des Themas »Ehe – Duett oder Duell« waren diesmal auch die Ehemänner bzw. Partner eingeladen. Ehe- und Erziehungsberater Reinhold Ruthe (Wuppertal) wies zu-

endlich dienten sie ... Ende einer Täuschu...
In seinen weiter... Ruthe auf die Ursac... Schwierigkeiten im ... reich führen. Dabei ... niger in der persönl...

Montag, 11. November 1985

amilie sind ein ter für's Leben"

ühstückstreffen der Frauen eingeladen

its wird man ewig stol- ile Reinbold Ruthe, Ehe- Ehe – Duett oder Duell" des traditionellen Früh- iem in diesem Jahr übri- .

erklärte der Eheberater, ... seine Praxis ein-

So fänden sich unter all den Pessimisten, Optimisten, Realisten oder Gefühlsmenschen niemals zwei gleicher Gesinnung. Dagegen gelte für den sozialen Stand der Spruch: „Gleich und Gleich gesellt sich gern."

Als oft gemachten Fehler in einer Partnerschaft nennt Ruthe den des „sich Rechtfertigens". Ein ebenfalls ... Kriterium sei auch, sich

Nummer 262 – Seite 12

Duell?

nner eingeladen

»Ent-täuschung«, dem oreinander.

Ausführungen machte ufmerksam, die zu den chenmenschlichen Be- er die Problematik we- Veranlagung und den

ben, den Partner verändern zu wollen, eine Unverschämtheit sei. Hingegen solle man ihn so akzeptieren, wie Gott ihn geschaffen habe.

Der Referent ermutigte, sein Ergänzungsmuster kennenzulernen. Bekanntlich ziehen sich Gegensätze an, und eine Studie spricht sogar von 80 Prozent »Gegensatzehen«. Aber man müsse sich bewußt sein, daß der Punkt der Anziehung zugleich der Punkt des Konflikts sei. Ist nun eine Meinungsverschiedenheit aufgetreten, soll diese nicht durch Schweigen ausgetragen werden. Bewußt oder unbewußt übe man dadurch Rache aus und wolle somit seine Über-

Randnotiz

Gekonnt

Man hätte sich gewünscht, noch mehr Männer bei diesem Frühstückstreffen zu sehen (obwohl die Halle bis auf den letzten Platz besetzt war), denn dieses Thema war wirklich interessant. Nicht zuletzt, weil jemand am Rednerpult stand, der den Bogen raus hatte. Es ist gewiß nicht leicht, ein großes Publikum wirklich knapp eine Stunde während eines Vortrages zu fesseln, und das bei einem Thema, wo der erhobene Zeigefinger fast unumgänglich wäre. Reinhold Ruthe schaffte es, diesen Zeigefinger so humorvoll und anregend zu verkleiden, daß sich in seinen Schilderungen jeder irgendwo wiederfand, ohne peinlich berührt zu sein. Nicht, daß der Referent Probleme herunterspielte oder lächerlich machte, nein, gekonnt tippte er jedem aufmerksamen Zuhörer an die empfindliche Stelle, machte bewußt, was man selbst nicht wahrhaben will. Viel öfter sollte so über Probleme gesprochen werden, dann würde heute vielleicht nicht jede dritte Ehe vor dem Scheidungsrichter enden.

Simone Laub

Gießener Anzeiger
11. November 85

annabelle-femina
19. Januar 84

Väter als Babysitter

Damit möglichst viele Frauen an den Frühstückstreffen teilnehmen können, werden sie immer auf einen Samstagmorgen angesetzt. Mütter, die ihre Kinder mitnehmen müssen, können den Babysitterdienst in Anspruch nehmen. Mit gutem Gewissen übrigens, denn als Babysitter betätigen sich zum Teil Ehemänner und Väter, die bei den Veranstaltungen für einmal ausgeschlossen sind.

Das Frühstückstreffen kostet inklusive Morgenessen 10 Franken. Anmeldungen nimmt Frau Huber, Schweighofstrasse 323, Zürich, Telefon

Achtung:
diesmal auch
für Männer
Frühstücks

Und nun?

Vielleicht haben auch Sie Interesse, mit »einzusteigen« und mit anderen Frauen zusammen Frühstücks-Treffen in Ihrem Wohnort zu gestalten? Das deutsche oder schweizerische Sekretariat schickt Ihnen gerne Informationen zu, wo und wann Frühstücks-Treffen stattfinden.

Von ganzem Herzen wünsche ich, daß das Lesen dieses Buches Sie ermutigt hat, nach dem Plan Ihres Schöpfers für Ihr Leben zu fragen! Wir Frauen haben unendliche Möglichkeiten, das Gute zu leben in einer Welt, die vom Gegenteil geprägt ist! Mein großer Wunsch ist es, daß durch die Frühstücks-Treffen etwas von dem sichtbar wird, was Franz von Assisi in einem Gebet so ausgedrückt hat:

O Herr, mache mich zum Werkzeug deines Friedens,
daß ich Liebe übe, da, wo man sich haßt,
daß ich verzeihe, wo man sich beleidigt,
daß ich verbinde, wo Streit ist,
daß ich Hoffnung erwecke, wo Verzweiflung quält,
daß ich ein Licht anzünde, wo die Finsternis regiert,
daß ich Freude bringe, wo der Kummer wohnt.

Ach, Herr, laß du mich trachten,
nicht daß ich getröstet werde,
sondern daß ich tröste,
nicht, daß ich verstanden werde,
sondern, daß ich verstehe,
nicht, daß ich geliebt werde,
sondern, daß ich liebe.
Denn wer hingibt, der empfängt,
wer sich selbst vergißt, der findet,
wer verzeiht, dem wird verziehen,
und wer stirbt, der erwacht zum ewigen Leben.

Im Herder-Verlag, Freiburg, erscheint im 2. Quartal 1988 ein Buch, in dem eine Sammlung verschiedener Vorträge der Frühstücks-Treffen abgedruckt sind zum Themenbereich »Spannungsfelder im Leben der Frau«, u. a.

»Die Psyche der Frau nach Wissenschaft und Bibel«
Prof. Dr. Rudolf Seiss, Ordinarius für Psychologie

»Im Spannungsfeld des Alltags – Auswirkungen auf Seele und Körper«
Dr. Ursula Köppel, Ärztin

»Von der Macht der Gedanken«
Dr. Manfred Engeli, Psychotherapeut

»Sich durchsetzen oder nachgeben – Beziehungsprobleme im Alltag der Frau«
Prof. Dr. Ingrid Scharrer, Ärztin und Dozentin

»Ganzheitliche Medizin«
Dr. Veronica Carstens, Ärztin

Geplant sind weiter folgende Themen:

»Mit unerfüllten Wünschen leben«

»Kommunikation in der Partnerschaft«

»Angst – Ursache und Überwindung«

»Heute leben – trotz gestern und morgen«

»Phasen im Leben der Frau«

»Was heißt denn schon typisch Frau?!«

Informationen über Orte und Termine von Frühstücks-Treffen erhalten Sie beim Sekretariat. Bitte legen Sie einen *frankierten* Rückumschlag bei.

Sekretariat
Frühstücks-Treffen
Charlotte Schwendy
Lannesdorfer Str. 23
D-5300 Bonn 2

Sekretariat
Frühstücks-Treffen
Antoinette Schramm
Josefstr. 206
CH-8005 Zürich

Ney Bailey

»Glaube ist kein Gefühl«

Tb., 160 S., Nr. 70.300, DM 6,80
Die Autorin läßt Sie teilhaben an ihrem Leben: Alltägliche und außergewöhnliche Erfahrungen und Führungen Gottes zeigen, was es heißt, aus Glauben zu leben.

Dr. James Dobson

»Das solltest du über mich wissen«

Pb 54.388, 208 S., DM 18,00
ISBN 3-87739-336-5
Erziehungsprobleme, seelische Isolation, sexuelle Nöte, Überlastung und Streß, sind nur einige Schwierigkeiten, mit denen Frauen zu kämpfen haben.
Der Autor nimmt sich mit Einfühlungsvermögen und viel Humor der Problematik an, gibt Hilfestellungen, zeigt Auswege aus der Sackgasse belasteter Beziehungen.

Barbara Jakob

»Mit uns Frauen fängt alles an«
Pb., Nr. 55.518, 128 S.,
DM 13,80
ISBN 3-88224-355-4
Das Buch gibt viele praktische Hilfen für die Gründung und Leitung von Frauen-Gesprächsgruppen – aufgelockert durch Erlebnisberichte verschiedener Frauen in ihren Alltagssituationen.

»Persönlich«
Tb., Nr. 59.589, 64 S., DM 1,–
ISBN 3-7751-0997-8
Menschen unserer Zeit mit höchst unterschiedlicher Prägung kommen in diesem Buch zu Wort. Prominente sind darunter, aber auch »Menschen wie du und ich«.
Sie berichten - persönlich und aufrichtig –, wie sie durch den Glauben neue Hoffnung und einen tragfähigen Grund für ihr Leben gefunden haben. Es ist ein Buch, das jeden angeht, weil alle diese Sehnsucht in ihrem Leben kennen.

Bitte fragen Sie in Ihrer Buchhandlung nach diesen Büchern!
Oder schreiben Sie an den Hänssler-Verlag,
Postfach 1220, D-7303 Neuhausen-Stuttgart.